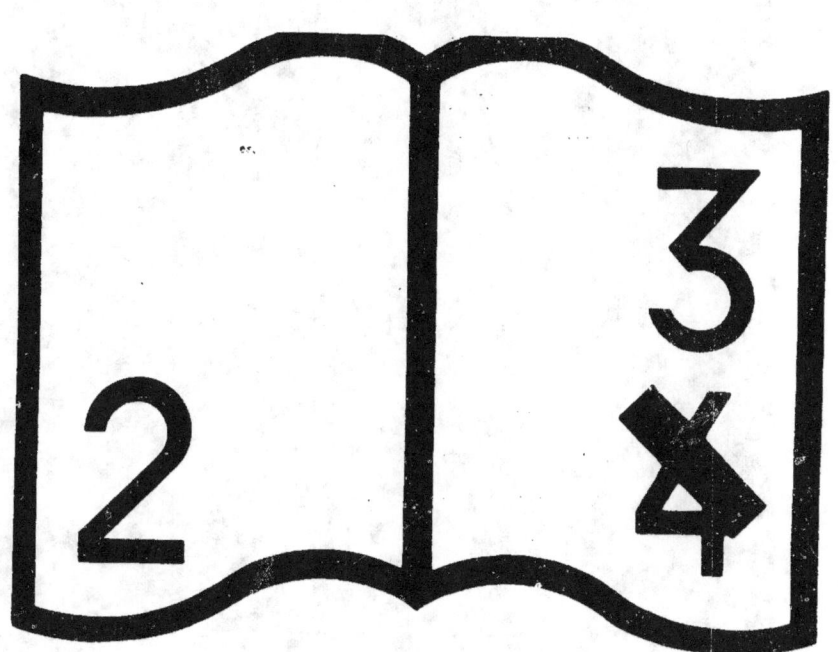

Pagination incorrecte — date incorrecte

**NF Z 43**-120-12

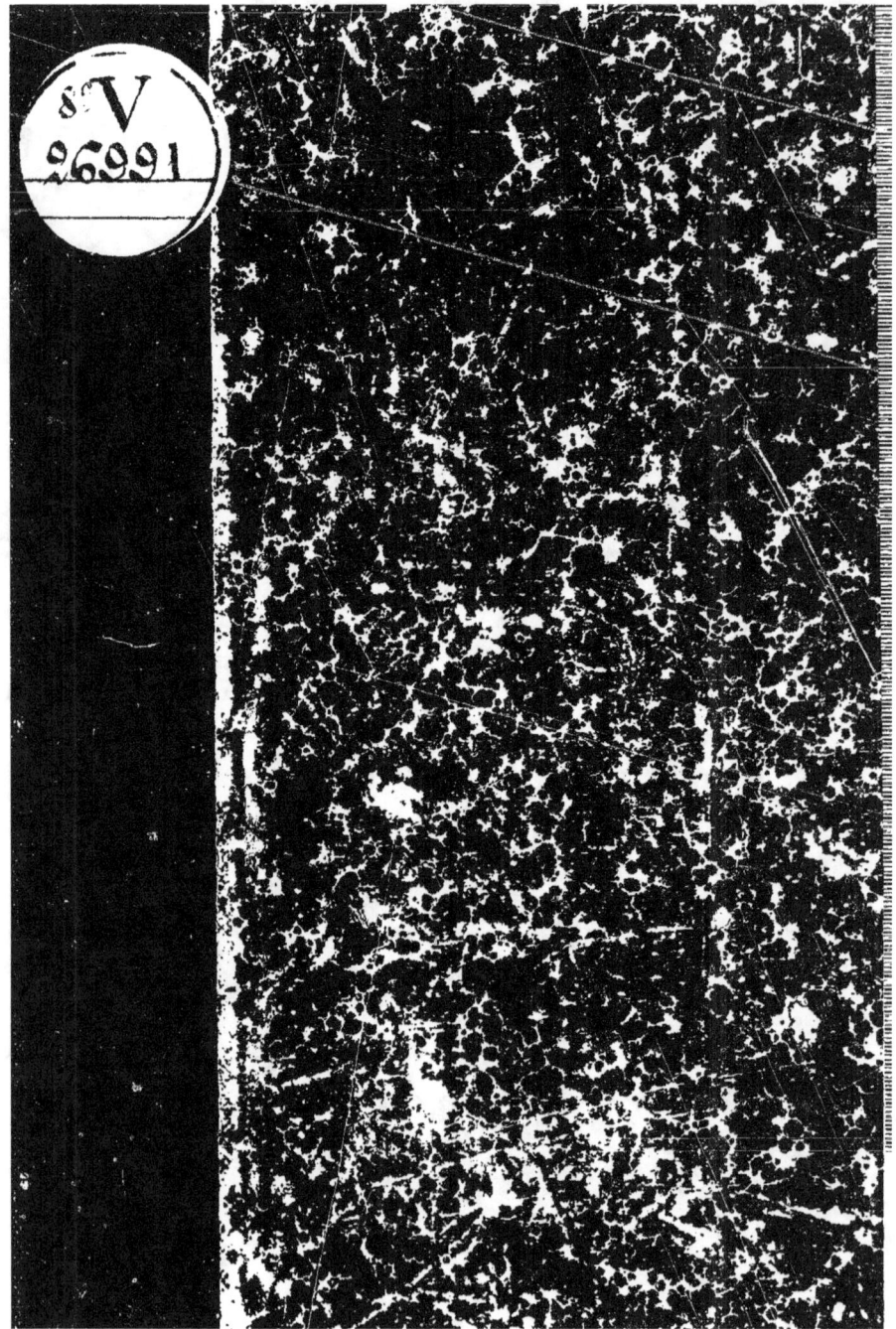

CH. BARLET ET J. LEJAY

# L'ART DE DEMAIN

LA PEINTURE AUTREFOIS ET AUJOURD'HUI

*Simple conseil en faveur du Grand Art*
*Dédié aux peintres de toutes les écoles*

OFFERT PAR M. REVEL

PARIS

CHAMUEL, ÉDITEUR

5, RUE DE SAVOIE

1897

# L'ART DE DEMAIN

F.-CH. BARLET ET J. LEJAY

# L'ART DE DEMAIN

LA PEINTURE AUTREFOIS ET AUJOURD'HUI

*Simple conseil en faveur du Grand Art*
*Dédié aux peintres de toutes les écoles*

OFFERT PAR M. REVEL

PARIS

CHAMUEL, EDITEUR

5, RUE DE SAVOIE

1897

# DÉDIÉ

## A M. C. REVEL

Monsieur,

**Ami** sincère de la vérité vous avez acquis par vos études la conviction que notre siècle touche à la solution des plus grands mystères que les portes de l'invisible Au-delà lui sont ouvertes et qu'il peut y trouver des ressources inouïes pour son activité anxieuse.

Travailleur consciencieux autant que généreux, vous êtes accoutumé à consacrer le fruit de votre labeur à la divulgation de vos recherches.

Vous avez voulu nous faire l'honneur de nous associer à cette bonne œuvre, à côté d'apôtres dévoués comme votre noble ami Bouvery, en nous

demandant d'exposer au monde artistique, selon
des principes précédemment publiés et qui ne vous
avaient pas déplu, quel progrès il peut espérer de
l'exploration de l'Invisible, quelles sources d'inspirations l'y attendent et quelles raisons peuvent l'en-
gager à s'y livrer.

Heureux d'une occasion si favorable aux doctrines qui nous sont chères comme à vous, nous avons
fait de notre mieux pour répondre à votre confiance.
Si nous n'avons pu réussir autant que nous le vou-
drions à soutenir la thèse délicate que notre zèle
a peut être imprudemment acceptée, vous voudrez
bien nous le pardonner, ainsi que nos lecteurs, à
raison de la nouveauté qui la rend si hardie encore,
et de la précipitation à laquelle les circonstances
nous ont condamnés.

Puissions-nous être assez heureux, du moins, pour
attirer l'attention de nos artistes sur cette philosophie
à laquelle vous êtes si fortement attaché vous-même,
et vous donner ainsi la meilleure preuve de notre
sympathie et de notre reconnaissance.

F. CH. BARLET ET LEJAY

# INTRODUCTION

Messieurs,

A quelque école que vous apparteniez, à quelque renommée que vous soyiez parvenus, vous n'échappez guère, sans doute aux rudesses de la critique. Maître ou disciple, classique orthodoxe ou novateur hétérodoxe, il se trouve toujours quelque voix pour vous blesser dans les convictions qui vous ont dicté votre œuvre.

Comme vous le public est dérouté par une foule de théories diverses ; sollicité pour des admirations qui le déconcertent ; raillé souvent dans ses goûts, taxé parfois d'ignorance grossière, il ne trouve plus dans l'Art ces enseignements, fortifiants et saints qu'il accourt cependant pour lui demander.

Troubles inutiles de la foi qui vous soutient comme de celle qui nous attire vers nous, ces

attaques de la critique qui nous ébranlent sont incapables cependant de nous guider.

Ici vous l'entendez gémir que la Peinture est
morte, que le génie périt submergé par la médiocrité, qu'à peine le talent surnage encore, prêt à
sombrer.

Là vous l'entendez crier, au contraire, à l'écœure-
ment des traditions stériles, à l'asservissement de
règles factices qui insultent à la nature.

Et de part et d'autre les sarcasmes, les quoli-
bets, les injures même parfois, se croisent, fai-
sant dans vos esprits comme dans les nôtres la
sombre nuit du septicisme.

Cependant la multiplicité, la vivacité de vos
écoles, de vos expositions, de vos scissions n'est-
elle pas la meilleure preuve de votre activité ? Il
faut donc penser que c'est la critique elle-même
qui s'égare en se montrant incapable de guider
comme elle le devrait cette précieuse effervescence,
en la comprenant si mal qu'elle la prend pour la
fièvre de la décomposition.

Se laisserait-elle aller à ses diatribes stériles si
elle se savait en état de vous dire pourquoi tout

ce tumulte en vos écoles, pourquoi cette dissémi-
nation de vos énergies, où vous conduisent vos
instincts inspirés, où retrouver ce grand Art que
vous souhaitez tous, quel est cet idéal que vous évo-
quez jusque dans vos productions les plus réalistes ?

Eh bien, ce que la critique ne vous dit pas, nous
venons tenter de le faire apercevoir comme nous
croyons l'avoir vu nous-mêmes ; sans invectives
contre personne parce que nous nous basons sur
des principes acceptables, croyons-nous, par vous
tous ; sans préférence pour aucune école parce
que nous pensons que toutes ont leur raison d'être
et leur perfection spéciale.

Convaincus que notre époque, en ses pénibles
efforts, marche vers une synthèse superbe qui
sera la forme nouvelle du grand Art, nous voulons
essayer de vous montrer en quelques réflexions
inédites par quelle voie vous pouvez marcher de
concert vers cette synthèse dont nul ne doit être
exclu.

Nous vous adressons ces quelques pages avec
l'espoir de pouvoir jeter sur l'obscurité où vos

écoles se heurtent et se blessent inutilement une
lumière grâce à laquelle elles pourraient s'unir,
dans une hiérarchie naturelle, en colonne puissante, vers l'Art de demain.

Désireux d'abuser le moins longtemps possible
de votre attention, nous nous bornerons à l'exposé
rapide et succinct des faits que nous avons à vous
soumettre. Ils demanderaient de bien plus longs
développements, mais vos esprits, accoutumés
par la méditation artistique à l'exercice de l'intuition, suppléeront aisément à tout ce que nous
pouvons à peine faire entrevoir.

Il doit nous suffire d'attirer vos réflexions sur
les sources d'inspirations que nous désirons vous
signaler. Nous devrons d'abord vous indiquer la
voie tracée depuis des siècles, mais oubliée aujour-
d'hui, qui nous a conduits nous-mêmes à ces sources.

En la parcourant nous apprendrons ensemble à
distinguer la nature, l'origine, la raison d'être
de vos écoles ; nous reconnaîtrons dans leur
succession la loi qui préside à l'évolution de l'Art ;
nous verrons par quelles formes elle s'est mani-
festée particulièrement pour la Peinture.

Une fois en possession de ces principes, il nous
sera facile de reconnaître la signification de chacune de nos écoles actuelle s, les tendances communes qu'elles accusent, et de comprendre ainsi
comment leurs remarquables efforts peuvent être
secondés.

Ces données une fois posées la solution de notre problème, celui de l'avenir de la Peinture,
s'en déduira aisément par la détermination des
formes propres à la Grande Peinture et des sources aussi nouvelles que conformes aux aspirations
modernes où l'esprit de l'Art peut s'alimenter en
vue de son progrès normal.

# PREMIÈRE PARTIE

## Position de la Question :
## Où tend l'Art Moderne?

---

## CHAPITRE PREMIER

### DISTINCTION DES ECOLES DE PEINTURE.

De tous temps l'Art s'est partagé en écoles dont le nombre va se multipliant à mesure qu'on s'éloigne des origines. Vous avez présentes à la mémoire toutes celles de la renaissance en Italie : Siennoise, Florentine, Ombrienne, Ferraraise, Bolonaise, Milanaise, Piémontaise, Romaine, Vénitienne, et d'autres encore! Elles se réduisent, au contraire, quand vient la décadence ; quand la vie s'éteint les distinctions s'effacent, enveloppées dans la médiocrité comme elles l'étaient au début dans l'ignorance.

(

Pourquoi donc s'étonner ou s'alarmer de l'a-
bondance des nôtres ? — C'est que leur nature
semble inquiétante plutôt que leur nombre. Il est
entre elles des divergences tellement inconnues
jusqu'ici, des nouveautés tellement imprévues,
qu'elles nous surprennent dans l'engourdissement
de nos habitudes, comme des fautes grossières
auxquelles nous refusons nos assentiments. Quels
sarcasmes, quelles révoltes n'ont pas accueilli
les apparitions successives du romantisme, du réalisme, de l'impressionisme, du symbolisme ?

N'entendons-nous pas, chaque jour encore, ré-
péter que certaines écoles ne sont rien de plus
que le culte du bizarre né de la crainte du con-
venu ; qu'on y recherche le banal, le vulgaire, le
laid sous prétexte de vérité ; quand on ne va pas
même jusqu'aux gros mots d'ignorance, de charla-
tanerie ou de vénalité ?

Nous ne voulons pas nier quelques écarts de
disciples trop zélés, mais nous affirmons, en dépit
de tant de divergences, que chacune de nos écoles
marque un effort puissant vers des perfections que
nous espérons légitimer bientôt. Nous affirmons

qu'il n'en est point de tellement nouvelle qu'elle n'ait sa racine dans le passé, qu'elle ne se rattache clairement à quelqu'un des types fort peu nombreux auxquels nous pensons que tout l'art de la Peinture peut se ramener.

Nous affirmons encore que ces écoles naissent à leur temps, selon les lois universelles de l'évolution, et qu'engendrées jusqu'ici par le seul instinct de nos artistes elles peuvent éclore plus rapidement à la perfection que leur forme rudimentaire masque encore si, en les expliquant, on leur fournit le surcroît de lumière et de chaleur auquel elles aspirent.

Mais pour vous démontrer ces assertions, nous devons vous prier de remonter un instant avec nous jusqu'aux principes de l'Art.

Et d'abord, L'Art lui-même, qu'est-il ?

Vous en connaissez, n'est-ce pas, plus d'une définition ; nous ne craignons pas même d'assurer qu'à consulter séparément plusieurs d'entre vous nous obtiendrions presque autant de réponses différentes.

Les uns nous représenteront une beauté absolue que l'artiste n'atteindra jamais mais dont il doit approcher de son mieux.

Que parle-t-on de beauté absolue ? nous diront d'autres, l'art est tout relatif; il n'est qu'une écriture spéciale des sensations ou des sentiments humains ; il est tout en l'homme et non ailleurs.

Pas tout à fait, observera un autre groupe ; sans doute l'Art est une production purement humaine, mais toutes les émotions ne sont pas d'ordre artistique ; elles ne deviennent belles qu'en se conformant à un certain *idéal* qui est en nous et qui dicte certaines règles en dehors desquelles il n'y a plus d'Art. L'instinct de ces règles peut donner quelque goût, mais le génie ne s'acquiert que par leur étude persévérante.

Vos prétendues règles, répliqueront quelques autres, ne sont que d'odieuses entraves que le génie doit briser sous peine d'y périr enchaîné et vaincu. La Beauté n'est pas plus en l'homme qu'en je ne sais quel idéal que nul n'a pu voir. Elle est dans la Nature ; observez-la, sachez la reproduire en sa vérité vivante ; voilà tout l'Art !

D'autres artistes plus hardis encore nous vien-
dront dire à leur tour: A quoi bon copier les choses ou les êtres? qu'ils disparaissent devant la
*Forme* ! C'est elle la dépositaire du Beau. Ne le
voyez-vous pas dans cette ligne, dans ce jeu d'ombre et de lumière, dans cette superbe harmonie
de tons, dans cette éclatante symphonie de couleurs ? — Non ? — alors vous n'êtes pas artiste !

Et que d'autres opinions encore après celles-là
qui ne sont que les principales ! Vous pensez bien
que nous n'avons point la prétention d'ajouter une
note de plus à ce concert assez discordant. Loin
de là, nous allons vous dire : vous avez tous raison,
mais raison d'un mode différent. Chacun de vous
a dit une vérité; la vérité complète est dans l'harmonie de vos dires ramenés tous au même ton.

Essayons d'expliquer comment, en commençant
par nous rendre compte de la multiplicité de vos
écoles.

Entendons-nous d'abord nettement sur un terme essentiel qui revient sans cesse en toutes vos discussions sans qu'il soit jamais précisé. Il vous est si

familier ce terme, vous le ressentez si vivement que vous ne songez point à le fixer, et c'est pourtant sur lui, comme sur un pivot, que tournent toutes vos opinions : Semblables au miroir des alouettes, elles vous reflètent l'image du soleil sur tous les points de l'horizon.

Ce terme est celui du *Beau*.

Sur lui l'accord est bien plus aisé que sur la définition de l'Art. Les critiques, sous des langages divers, s'accordent assez à y voir la transparence de l'essence invisible des choses à travers leur forme.

Dès qu'une idée ressort d'un spectacle, d'une œuvre quelconque, et nous émeut, le *Beau* est apparu.

Appelez comme vous le voudrez cet esprit de la matière : Absolu, Puissance ou Force, Dieu ou Nature, Vie, Amour ou Destin, le nom importe peu ; il est là, sous la couleur, sous la ligne, sur la toile où le génie l'a fixé. Il est là, et c'est lui qui vous émeut en proportion de l'énergie avec laquelle il resplendit sous son voile de fusain ou de couleurs.

L'esprit qui souffle à travers la matière, voilà le *Beau*.

Et qu'il lui faut peu pour se manifester quand il lui plaît. Un pied carré de toile ; quelques coups de pinceau d'un Rembrandt ; un simple coin d'abattoir, et voilà le Beau qui vous empoigne aussi bien qu'en présence d'une des scènes les plus violentes et les plus grandioses de la nature.

Aussi, combien diverses sont ces apparences !

Or ce sont ces diversités mêmes qui vous égarent quand vous voulez borner l'Art à quelqu'une d'entre elles ou plutôt à quelqu'une des quatre sortes entre lesquelles elles se rangent toutes. Car, de par la nature même des choses, il y a quatre genres principaux d'expression du Beau, quatre variétés d'Art, en Peinture, comme ailleurs.

Voici comment :

Toutes ces expressions, sans doute, sont relatives à l'homme ; il est certain qu'elles ne naissent qu'en son âme, par le jeu de ses facultés ; elles se différencient cependant selon qu'il les rapporte soit à lui-même, soit à l'Absolu qu'il se représente hors de lui.

En effet, nul de nous ne peut nier que la forme,

la lumière, la couleur n'aient leur Beauté intrinsèque qui impressionne tout homme. Il n'est pas
de peuplade si primitive qu'elle ne se plaise à colo-
rer ses tentes, ses vêtements, à orner ses usten-
siles de lignes et d'arabesques, à leur donner de
préférence certaines formes. C'est un goût que la
civilisation raffine, mais ce n'est pas elle qui le
crée, et c'est en ce sens que l'on peut parler de
la beauté absolue des choses.

Mais, en même temps, chaque individu a ses
goûts spéciaux, ses préférences marquées pour
telle forme, telle coloration plutôt que telle autre.
Les choses lui parlent et il a sa façon propre d'in-
terpréter leur langage. Voilà la part plus humaine, plus subjective de la Beauté ; elle dépend
du tempérament personnel à chacun de nous, non
des choses elles-mêmes.

Un exemple va rendre cette distinction plus
saisissante. Revenons à la *Boucherie* de Rembrandt ; l'impression qu'elle donne peut être de
deux sortes : Les uns seront frappés surtout des
sentiments qu'elle peut éveiller ; sur les murs souil-
lés, une patine ignoble de taches desséchées ; les

flaques de sang tout chaud sur le pavé, les chairs pantelantes de la victime, soulèveront leur cœur de dégoût ou de pitié, leur donneront ce frisson d'horreur qu'on ressent quand s'entrouve cette porte de l'abattoir marquée d'infamie comme celle du bourreau. Voilà l'effet de la Beauté subjective, qui émeut l'âme humaine.

Pour d'autres, ces sentiments disparaîtront pour faire place à l'admiration devant l'harmonie de couleurs si variées dans le même ton ou à peu près, si nuancées, si bien graduées, devant cet effet de lumière à la fois vigoureux et fondu, chaud et moelleux dont Rembrandt avait le secret. Voilà l'effet de la Beauté absolue qui émeut plutôt l'intelligence.

Il est clair que l'auteur était libre d'accentuer à son gré l'un de ces deux effets en lui sacrifiant ce qui produit l'autre ; un artiste moins parfait que Rembrandt aurait versé dans l'un ou l'autre excès. Or ce que nous entendons dire est que, *par tempérament*, tel artiste prononcera plutôt la Beauté absolue, tel autre la Beauté relative, qu'ainsi naîtront deux œuvres de caractères tout différents ;

l'une valable par la Beauté intrinsèque de la forme l'autre par le sentiment de l'artiste.

Ce n'est pas sans raison que nous venons d'invoquer l'exemple de Rembrandt qui témoigne que le réalisme ne date pas d'hier. Mais le réalisme ne convient pas à tous les tempéraments artistiques ; il en en est beaucoup à qui ses représentations semblent trop vulgaires, indignes de l'Art. Pour ceux-là les deux sortes de Beauté que nous venons de signaler se reproduisent sur un ton plus élevé ; d'une gamme plus haut, pour ainsi dire.

Veulent-ils éveiller le sentiment humain ? C'est à la disposition noble et dramatique de leur scène, aux contrastes énergiques du clair-obscur qu'ils s'attacheront plus particulièrement. Nous aurons alors, pour citer encore le génie si fécond de Rembrandt : l'*Ange Raphaël et Tobie*, ou *Jésus guérissant les malades* ; cette toile admirable où la lumière, comme spiritualisée par la tête du Christ, devient le centre de l'action.

Est-ce la Beauté absolue que l'Artiste spiritualiste aura préférée ? Alors il s'adressera à elle directement : Tout ce que la forme a de matériel ;

couleur, modèle, jeux d'ombre, disparaîtra pour lui. La ligne et la teinte simple resteront seules avec toute leur valeur symbolique, baignées dans une lumière uniforme et plongeante. Il affinera autant qu'il le pourra le voile corporel afin que l'Idée transparaisse plus vivement, et cette idée sera celle de l'esprit lui-même, de la source de toute Beauté, de quelque nom qu'on la désigne. Il faut remonter aux primitifs et jusqu'aux byzantins peut-être, pour trouver les exemples les plus nets de ce genre.

Voilà donc quatre écoles principales :

Deux qui se réclament de la Beauté absolue ; L'IDÉALISME *simpliste* selon l'expression de Sully Prudhomme ; visant à faire apparaître l'Absolu en une *nudité* presque complète ; enveloppant de lumière blanche la forme réduite à son minimum.

Et le RÉALISME que le même poète croit grossier parce qu'il s'accroche à tous les détails, à toutes les richesses, à toutes les harmonies de la forme pour surprendre la matière au moment où elle manifeste son essence.

Les deux autres écoles sont tout humaines, *sub-*

*jectives*, comme disent les philosophes ; c'est l'artiste lui-même qu'elles traduisent, dont elles reflètent les passions ou l'intelligence, dont elles révèlent l'*état d'âme*, au lieu d'évoquer celle des choses.

De ces deux dernières écoles, la plus spiritualiste, moins enflammée de la vie commune, plus attachée à l'Abstrait, cherche ses effets en des règles inflexibles, scientifiques. Elle affirme que les écarts de la nature et ceux de la passion qui les exprime doivent être corrigés par des lois supérieures ; que l'Art doit au *vrai* substituer l'idéal *vraisemblable*. Vous avez reconnu l'école CLASSIQUE.

Celle ROMANTIQUE, au contraire (qu'il faudrait nommer plutôt la dramatique, en embrassant sous ce nom tous les modes passionels libres) ; celle dramatique met au-dessus de tout la franchise de l'expression. Elle aime à s'abandonner à toute la fougue des sentiments, à lui livrer toutes les ressources de la forme, tous les jeux de la lumière tous les éclats de la couleur. Elle aspire avant tout à rendre l'exubérance de la vie en ses variétés multiples.

Nous aurons à revenir plus en détail sur ces caractères, il suffit pour le moment de les faire apercevoir comme causes de distinction entre les écoles. Celles-ci se résument, en dernière ana_ lyse dans les trois qualités fondamentales indispensables au Peintre :

La *sensibilité psychique*, ou faculté de percevoir les idées essentielles, de s'inspirer de la poésie des choses, de leur esprit, et il n'est rien qui en soit dénué.

La *sensibilité formelle*, ou faculté de percevoir la signification émotionnelle des formes prises en elles-mêmes, indépendamment de l'objet qu'elles peuvent représenter.

Ces deux facultés, qui sont de caractère passif correspondent à la perception des deux sortes de Beauté absolue : Beauté de l'Idée indépendamment de la forme ; Beauté de la forme, abstraction faite de l'Idée. La troisième faculté, de caractère actif, est relative à l'âme humaine.

C'est la *faculté d'adapter* les idées aux formes ou inversement ;

Elle est propre aux deux écoles classique et romantique.

Dans la pratique ces trois facultés se manifestent particulièrement par les trois éléments de toute œuvre artistique :

L'*Idéation*, ou conception de l'Idée ;

L'*exécution* qui, on vient de le voir, ne peut se borner au métier ;

Et la *composition* ou disposition du sujet, qui doit harmoniser l'exécution et l'idéation.

Vous remarquerez que ces distinctions sont si naturelles ; qu'elles caractérisent même les diverses formes de l'Art.

Repassez-les, en effet, dans leur essence.

Les arts plastiques se distinguent par la prédominance de l'exécution, partagés, eux-mêmes en trois genres d'après les mêmes distinctions : architecture où la forme domine ; sculpture où c'est la disposition qui l'emporte, et peinture où l'idée devient plus nette.

Les arts dramatiques se caractérisent par la disposition ; c'est le rythme et le geste qui lui pré-

tent la variété de la vie. Vous leur trouverez encore trois genres semblables : la musique, le jeu
théâtral et l'élocution.

Enfin les arts littéraires nous présentent l'idée à
peine voilée dans : la poésie, le théâtre et la littérature philosophique ou religieuse.

Cette digression, dont nous nous hâtons de
revenir, peut servir à rappeler plus nettement
combien il est rare que nos trois facultés fondamentales se réunissent chez le même artiste. De
même qu'il en est à peine quelques-uns capables
de tous les genres de productions artistiques ; de
même il est très-rare de rencontrer chez le même
peintre les trois qualités primordiales.

La foule des artistes va donc se partager naturellement, selon les prédilections et les disposition de chacun selon ses préférences pour l'idée,
pour l'exécution ou pour la composition. Mais la
division ne s'arrêtera point là ; nous allons en
trouver bien d'autres causes secondaires, en nous
attachant maintenant exclusivement à la peinture.

# CHAPITRE II

Chacune des trois facultés principales que nous venons de reconnaître peut affecter à son tour des variétés et des nuances qui engendrent de nombreux sous-multiples en nos quatre classes principales.

Il est assez inutile cependant de s'occuper des différentes sortes d'idées, elles se trouveront d'elles-mêmes classées plus loin. La raison en est simple ; c'est que la peinture est un art plastique. C'est sans doute le plus élevé de ceux-là, celui où l'idée a le plus d'importance, où la matière est le plus réduite ; mais, enfin, la forme y tient plus de place, y demande plus de soin que la pensée qu'elle exprime.

Aussi les critiques observent-ils ordinairement que le Peintre ne crée pas l'Idée, il la traduit.

C'est au philosophe, au savant, au littérateur que la création appartient plutôt ; le rôle du Peintre est de donner une forme à des idées préexistantes, de revêtir la poésie de lignes, de lumière, de couleur, ou de la faire apercevoir sous ce vêtement. Il ne l'enfante pas ; il l'orne ou la révèle.

Il n'en est pas de même de la *disposition* et de *l'exécution*. C'est là que le Peintre est vraiment libre et créateur.

Cependant sa liberté, sa faculté de création sont limitées, déterminées dans une large mesure par son tempérament spécial. Voyez ce qui en va résulter.

L'aptitude à ressentir la valeur de la forme, ce que nous avons appelé la *sensibilité formelle*, celle qui guide le Peintre dans l'exécution, va trouver à s'exercer sur plusieurs éléments : la ligne, la lumière, avec le modèle qui en résulte, et la couleur. Il est superflu de vous rappeler comment les peintres se partagent dans leurs préférences entre ces trois facteurs de votre art ; vous ne connaissez que trop les querelles des coloristes, des partisans du dessin et des classiques, adeptes du clair obs-

2.

cur. Nous vous ferons grâce aussi des nuances qui
partagent encore chacun de ces partis presque
irréconciliables ; ces détails trouveront plus loin
leur place naturelle.

Qu'il nous suffise de vous faire observer, du
moins, la hiérarchie de ces trois éléments : la
ligne, la lumière et la couleur ; c'est une remarque
qui nous sera bientôt utile.

Les lignes que le tableau retrace se développent
dans la nature en profondeur, aussi bien qu'en
surface, tandis que sur la toile elles sont limitées
à la surface seule. Elles ne produisent donc leur
effet qu'à la condition d'une certaine abstraction
dont vous ne savez que trop les difficultés : celles
des raccourcis et de toute la perspective linéaire,
qui demandent souvent tant de talent.

Au contraire, la couleur conserve sur le tableau
sa valeur entière ; tout au plus peut-elle s'amortir
avec la distance, se nuancer de reflets ; elle ne
perd rien, du moins, à s'étaler sur la surface de la
toile comme elle le fait sur celle des corps naturels. Elle affecte, en Peinture, une matérialité plus prononcée que celle de la ligne ; elle

occupe aussi) beaucoup plus de place. On a
donc eu raison de dire que la couleur est le corps
de la Peinture, tandis que la ligne en est l'esprit.

La lumière en est l'âme, avec le modelé dont
elle signale les reliefs; elle participe à la fois de
la ligne (par exemple en ce qui constitue la perspective aérienne) et de la couleur, parce qu'elle
embrasse comme elle la surface des choses. Elle
est donc intermédiaire entre les deux.

La conséquence, intéressante pour nous de ces
distinctions, est que les préférences pour la couleur marqueront des tendances plus réalistes ;
celles pour la ligne une disposition à l'abstraction
idéaliste, tandis que celles pour le modelé et le
clair obscur auront un caractère plutôt classique
ou dramatique. Vous avez déjà, de vous-mêmes,
appliqué à ces remarques des noms de maîtres
qu'il est inutile de vous rappeler.

Des distinctions analogues vont partager la
faculté d'adaptation qui préside à la composition
du tableau.

Considérez d'abord la disposition générale et vous pourrez remarquer trois genres de peinture nettement caractérisés par la hauteur de la ligne d'horizon. C'est une distinction capitale en ce qu'elle nous révèle en son essence même le tempérament de l'Artiste.

L'un est affecté surtout par la *hauteur* parce que, dans sa pensée, la terre disparaît devant l'universalité des choses que le ciel représente; son horizon est très bas sur la toile (si bas que la ligne en est quelquefois en dessous du cadre). Ses fonds, par conséquent, sont très fuyants et très fins; le ciel occupe une place énorme, versant une lumière intense. Vous ne doutez pas que ce ne soit un spiritualiste pour qui la matière se réduit ainsi.

Vous trouverez, au contraire, des artistes si attachés à celle-ci qu'ils perdent de vue tout lointain. Ceux-là voient en surface, en *largeur* ; leur ligne d'horizon s'élève au point de disparaître souvent au haut de la toile. Voilà le réaliste. Vous pourrez le distinguer du précédent par une observation fort simple : le spiritualiste en quête d'un paysage recherchera volontiers une éminence, tandis que le réaliste se rapprochera du plan qu'il va peindre, éprouvant même souvent le besoin de s'y asseoir ; il voit de près et de bas en haut.

Entre eux deux se place le peintre qui n'est frappé ni par la hauteur, ni par la largeur de la scène, mais seulement par sa profondeur, que du reste, il voudra plutôt moyenne. Sa ligne d'horizon est à peu près aux deux tiers de la toile, vers le haut; c'est la hauteur des règles classiques. S'il est plus intellectuel que sentimental, ses horizons, plus limités, se présenteront de face ; si, au contraire, ils fuiront beaucoup mieux, plus analogues à ceux du spiritualiste.

Ce n'est pas tout encore : Les distinctions précédentes ne se confondent pas avec le *goût*, le *style*, la *manière* de l'Artiste, qui s'ajoutent pour varier les écoles. Voici à quoi correspondent ces derniers éléments :

Le *goût* qui préside principalement au choix de l'idée première dépend de la sphère où l'artiste est enclin à aller chercher son inspiration. Les uns portés au mysticisme se complaisent aux idées

religieuses, les autres sont plus sensibles à la Beauté
des choses matérielles; d'autres encore cherchent
la poésie dans les passions de l'activité humaine,
les drames historiques ou intimes, ou même dans
les prescriptions de la raison, auxquelles ils empruntent l'allégorie.

Le *style* est en mode subjectif, actif, ce que le
goût est dans le mode passif, objectif; c'est-à-dire
qu'au lieu de dépendre comme celui-ci de la source
de poésie qui fournit l'idée, il dépend de la façon
dont l'artiste la ressent. Selon que son âme sera
développée en sensibilité matérielle, sentimentale,
intellectuelle ou spirituelle, il sera plus touché ou
par la forme de l'idée qui l'inspire ou par la passion qu'elle fait naître, ou par l'idée elle-même. Un
peintre religieux, par exemple, fera, selon ces
distinctions, ou du réalisme comme les Hollandais,
ou de l'anthropo-morphisme expressif comme les
Italiens de la renaissance, ou du symbolisme
comme certains primitifs et ainsi des autres genres. Le style est donc un modificatif du goût; il
préside particulièrement à la conception et à la
disposition du tableau.

Quant à la *manière*, c'est l'exécution qu'elle gouverne ; elle varie selon que l'artiste est plus spécialement apte à percevoir l'un ou l'autre des éléments de la forme dont l'idée doit être revêtue, c'est-à-dire qui produisent la Beauté, et, par conséquent, selon qu'il est plus sensible à l'un des divers genres de Beauté : plastique, dramatique ou idéale.

Vous aurez déjà reconnu dans cette longue énumération bien des traits par lesquels on est accoutumé à caractériser les écoles de la Peinture, mais vous aurez remarqué sans doute aussi qu'on néglige, pour comparer celles-ci de rapprocher des qualités qui soient de même ordre. Il en résulte dans les classifications qu'on en veut faire comme dans les discussions, une discordance, une confusion inévitables à cause de la différence des points de vue que l'on unit à tort. Comment comparer, par exemple, l'école pointilliste, qui tient surtout à une variété de la manière, avec l'école classique des dessinateurs qui représente une nuance de la

sensibilité formelle ; ou l'harmoniste, au symbo-
liste, à l'impressionniste, à l'esthète ?

Ce sont des rapprochements de ce genre, faits
sans terme commun, qui jettent le trouble dans les
esprits ; ils créent dans notre mouvement artistique contemporain, tout instinctif encore, une confusion qui le rend inintelligible. Le schisme du
Champ de Mars, destiné à la faire disparaître, n'y
arrive qu'à peine ; vous savez quelles difficultés la
critique éprouve à caractériser nettement vos deux
Salons.

Vous verrez cette difficulté disparaître complètement si vous voulez bien prendre la peine de
résumer les observations précédentes. Vous avez
remarqué, sans doute, qu'elles sont toutes fondées
sur des distinctions analogues dont nous n'avons fait
que passer en revue les diverses faces. Vous aurez
vu, par conséquent, que les nombreuses causes de
divergences que nous venons de rappeler se rassemblent réellement en quatre types principaux ;
ceux que nous avons énumérés déjà. La raison en
est simple ; c'est qu'elles ont leur origine dans le
tempérament de l'artiste et que l'unité de ce

tempérament doit d'autant mieux produire l'uniformité des conséquences qu'il est plus prononcé : L'idéaliste se montrera tel aussi bien dans le choix du sujet que dans sa composition ou son exécution ; dans ses préférences relatives à la forme comme dans sa faculté d'adaptation, dans son style, dans sa manière. Et ainsi des autres.

Ainsi les détails que nous venons d'analyser un peu longuement en ce chapitre ne doivent servir qu'à accentuer nos quatre types primitifs, lesquels constituent la première division naturelle des écoles. On y trouve, en effet, toutes les sortes de Beauté possibles, et par les détails précédents, on voit qu'elle embrasse en même temps tous les éléments caractéristiques de la Peinture.

Résumons ces caractères :

L'école idéaliste s'attache aux sujets religieux philosophiques, abstraits ; son style est simple souvent jusqu'à la sécheresse ; sa manière, est sobre, fine. Dans la forme elle préfère la ligne à la couleur ; elle est lumineuse au point d'effacer toutes les nuances et de réduire la couleur à sa plus simple expression. Sa perspective est en hauteur,

3

à ligne d'horizon très abaissée, à fonds fuyants : ses ciels sont soignés et profonds ; elle affectionne les lointains finis, délicats. La distance de ses tableaux est courte ; il faut les voir de près.

L'école réaliste, extrême opposé de celle-ci, préfère les sujets de la vie commune ou les détails du paysage ; l'idée chez elle, est des plus rudimentaires, presque nulle. Son style est complexe, analyste, lourd même ; ses tableaux *manquent d'air*. Sa manière est étudiée, parfois jusqu'à la minutie, comme chez certains hollandais. Dans la forme, c'est à la couleur qu'elle s'attache soit pour ses plus fines harmonies, soit pour en tirer de brillants contrastes ; elle en cherche toutes les nuances, elle excelle à les rendre ; pour elle la ligne, le contour disparaissent. Sa perspective est en largeur ; sa ligne d'horizon s'élève jusqu'au haut du cadre ; ses fonds sont nuls ou sans profondeur, quand elle se risque à en essayer, et le premier plan semble manquer parce qu'il est, réellement, en avant du cadre ; aussi la distance de ses tableaux est-elle grande ; il faut les voir de loin ; elle aime, du reste à peindre de grandeur naturelle ou à peu près,

Pour ces deux écoles la disposition est ordinairement calme : chez la première parce qu'elle rend la sérénité ; chez la seconde parce qu'elle cherche l'inertie, le repos.

Entre les deux se place la double école intermédiaire à disposition animée, à distance moyenne, qui se distingue par un goût plus spécialement humain, s'attachant surtout aux sujets dramatiques ou sentimentaux de la vie humaine, avec toutes les gammes de sa passion depuis la plus élevée jusqu'à la plus simple. Elle se dédouble suivant que les sentiments qu'elle traduit se rapprochent plus de l'idéal spiritualiste ou des sensations naturelles.

Dans le premier cas, elle devient l'école classique, plus noble, plus sévère, plus dramatique, qui se plaît aux sujets officiels, historiques, mythologiques, allégoriques, religieux même, mais d'une religion légendaire toute animée des passions humaines, anthropomorphe. Le portrait lui convient encore, surtout le portrait solennel, comme ceux de Reynolds ou de Rigault, ainsi que le paysage historique, où la nature n'est que le cadre du drame humain.

Son style est noble, pompeux jusqu'à l'affectation théâtrale, mais d'un mouvement retenu par une certaine dignité qui peut tomber dans la froideur. Sa manière est large, hardie, mais non sans retenue, quelque peu dure aussi ; elle procède par masses ; elle aime les oppositions vigoureuses. Sa sensibilité formelle porte surtout sur le clair obscur ; mais son modelé est sévère, plutôt rude, à cause de sa tendance au contraste ; elle aime à accentuer d'un jet de lumière oblique et presque artificielle, la partie principale de la toile ; c'est sa façon d'y produire l'unité. Sa ligne, apparente sous la couleur, est accentuée ; sa couleur elle-même est simple, vigoureuse, sombre, plus occupée des tons et de leurs contrastes harmonieux, que des teintes ou des nuances. Sa perspective est en profondeur, mais ses horizons ne sont pas fuyants ; ils se présentent généralement de face : la ligne en dépasse peu le milieu de la toile, vers le haut ; le lointain y est rendu surtout par la perspective aérienne.

L'école romantique est plus libre, plus passionnée, plus mouvementée, moins sobre que la pré-

cédente. Ses sujets sont moins sévères ; elle aime
les tableaux de genre où dominent les sentiments
simples, touchants, les scènes gracieuses ou gaies,
de poésie souriante et facile. Le portrait, chez
elle, est anecdotique ; le paysage est pittoresque.
Son style se caractérise par la grâce mouvementée et la variété plutôt que par la noblesse ou la
distinction ; souvent même elle tombe soit dans
l'affectation, soit dans la négligence.

Sa manière est bien plus finie, plus léchée que
dans l'école précédente ; elle procède par touches
moins larges parce qu'elle aime à faire miroiter la
lumière, en même temps qu'elle s'attache à fondre
les couleurs au lieu de les opposer. Son modelé
est plus moelleux aussi ; elle s'entend mieux à la
perspective aérienne qu'elle sait fort bien dégra-
der, aussi ses horizons ont-ils plus de fuite et de
profondeur. Comme sa rivale, elle aime à illumi-
ner de rayons obliques sa scène principale, mais
cet artifice est mieux masqué parce qu'elle fond
mieux la lumière et les couleurs. Elle est loin, cependant encore, des harmonies de l'école réaliste ;
elle aime trop briller pour ne pas rester éclatante ;

s'attachant particulièrement aux teintes, elle n'en fond que les contacts.

Sa ligne, mouvementée parfois à l'excès, est toujours arrondie et peu apparente sous la couleur. Sa disposition est généralement abondante ; elle aime à multiplier les détails pour y semer toutes les richesses de sa palette, sauf à les adoucir ensuite au blaireau. Elle se plaît à reproduire les foules, les groupes d'arbres, les villages. Sa perspective est profonde ; sa ligne d'horizon s'élève à peu près aux deux tiers de la toile, mais ses ciels sont beaux et lumineux comme toute sa couleur.

En fait, il est fort rare de rencontrer ces quatre types en toute leur pureté ; la nature se plaît aux nuances ; vous vous trouverez donc presque toujours en face d'une combinaison plus ou moins complexe de ces types fondamentaux ; c'est par là seulement que les écoles vont se subdiviser.

Cette remarque n'infirme pas cependant notre classification. D'abord, il est assez aisé, avec un peu d'exercice, de développer les caractères que nous ne pouvons qu'énumérer ici brièvement et de reconnaître dans la complexité des combinaisons le type fondamental de chaque peintre. En outre, comme ce sont ces combinaisons qui en fournissent les détails, ces sous-multiples sont du même ordre que les classes principales. Il suffira donc, pour déterminer le type d'un tableau, de reconnaître la valeur relative de ses diverses qualités : goût, style, manière, disposition et exécution.

Précisons davantage en énumérant très rapidement les combinaisons binaires de nos types.

L'idéaliste aura pour sous-multiples : l'Idéaliste pur, comme le Byzantin. L'idéaliste tragique comme les primitifs de l'école Siennoise (Samo di Piètro) que continueront Lippi, Gozzoli et Michel-Ange. L'idéaliste romantique comme l'école Florentine du siècle suivant, qui se distingue par l'expression : l'Angelico, Grillandajo, Lorenzo ; à qui se rattachent Le Perugin et Raphaël (tandisque Léonard de Vinci est intermédiaire entre ces deux écoles, et plus rapproché de la précédente). Enfin l'idéaliste positif que nous trouverons chez les harmonieux coloristes de l'école Vénitienne :

Mantegna, Lotto, Cima, ancêtres du Titien et du Tintoret.

Il serait superflu de vous énumérer de même les subdivisions des autres écoles ; nous aurons occasion d'en donner plus loin la liste complète bien que fort sommaire, permettez-nous seulement de vous indiquer encore les subdivisions de l'école naturaliste qui seront particulièrement utiles à spécifier pour notre sujet.

Les idéalistes y sont représentés par l'école de Puvis de Chavannes et Henri Martin, ou celle des esthètes comme Burns Jones. Elles sont réalistes en ce qu'elles empruntent leur mysticisme à la forme plus qu'à l'idée ; elles sont idéalistes par leur tentative de faire ressortir l'absolu de la forme.

Le naturalisme classique se rencontre dans les écoles rationalistes du plein air dont Manet fut le premier chef, et par cet ensemble de peintres délicats comme Bastien Lepage ou Millet chez qui le scrupule pour la réalité des modèles n'exclue point la pureté de la forme.

Les réalistes sentimentaux s'attachent beaucoup

plutôt à nous émouvoir par les joies et les peines de la vie commune saisie chez les plus humbles : Tels sont Fantin-Latour, Gœneutte, Béraud, Dagnan-Bouveret, Lhermitte. Raffaeli chez qui l'idée prime la forme en est le représentant le plus sombre et le plus rapproché de l'idéalisme.

Quant aux coloristes qui sont les réalistes parmi les naturalistes, ils abondent tellement en cette école et s'y montrent si variés qu'il est nécessaire de les subdiviser encore suivant les mêmes distinctions : Vous verrez du reste ainsi jusqu'à quelles nuances elles peuvent être poussées.

Les impressionistes (Degas, Money, Sisley, Renoir) sont les plus élevés et les plus abstraits puisqu'ils demandent à la couleur de produire une idée, ou plutôt tout cet ensemble d'idées qui constitue une émotion.

Les plus éloignés de ceux-ci sont les harmonistes pour qui la peinture se borne non seulement à la couleur, mais surtout à l'harmonie des couleurs. De toutes les facultés du Peintre ils ne conservent pour ainsi dire que celle qui sait fondre tous les tons en nuances délicates, moelleuses, on pourrait dire voluptueuses ; le modelé, le dessin, la perspective leur importent peu ; les objets ne sont pour eux que le support de la couleur ; ils ne perçoivent et ne rendent que les sensations qu'elle peut procurer par ses harmonies.

Au-dessus d'eux, entre ces deux écoles extrêmes, sont ceux qui, avec le même dédain de la forme, recherchent ce que l'on pourrait appeler la mélodie de la couleur au lieu de son harmonie. Leurs nuances aussi riches que celles des harmonistes restent plus juxtaposées, moins fondues : Les uns nous donnent ainsi une richesse, une chaleur de tons qui rappelle les qualités des sentimentaux, mais appliquées à la couleur; vous avez reconnu l'école des Moreau, des Besnard ; nous les désignerions volontiers sous le nom de symphonistes, pour dire la richesse féerique de leur palette, si ce terme n'était déjà usurpé par une tout autre catégorie d'artistes.

D'autres, plus rapprochés des impressionnistes, moins brillants aussi, cherchent l'émotion chromatique dans quelque principe physique raisonné qui leur fournit souvent de très heureux effets.

Tels sont les pointillistes (Pissarot, Seurat, Signac, etc.), les chromoluminaristes et autres
partisans d'artifices dont quelques maîtres, comme
Delacroix, avaient avant eux usé avec beaucoup
de bonheur.

Ce classement sommaire des écoles fait assez
voir que chacune a sa valeur propre comme élément de l'Art complet ; aucune ne disparaîtrait
sans grand préjudice pour lui ; elles font sa richesse, sa splendeur, la plénitude de sa vie ; elles
prouvent sa croissance, car la multiplicité des
organes témoigne de l'élévation de tout être sur
l'échelle de la création. Mais, par la même raison, il doit y avoir entre elles une certaine hiérarchie, une certaine subordination qui nous reste
à établir pour achever le tableau de cette classification.

Vous vous rappelez que nous avons trouvé dans
la Peinture l'Art destiné à faire ressortir l'idée
sous la forme matérielle des lignes et des couleurs.
La valeur relative d'une école se mesurera donc
à l'énergie de cette expression. Elle emprunte sa

force à deux causes différentes : la valeur de l'idée en elle-même, ou le talent de l'Artiste pour l'exprimer.

A considérer la force de l'idée, on ne peut se refuser à connaître que la plus universelle, l'idée abstraite, absolue, est la plus puissante de toutes, celle qui donnera la beauté la plus majestueuse sinon la plus émouvante ; c'est elle qui fait ce qu'on nomme la grande Peinture ; c'est elle qui inspire l'école spiritualiste et qui a son écho dans toutes les subdivisions spiritualistes des autres écoles.

Son extrême opposé sera l'école réaliste chez qui l'idée, aussi individualisée que possible, et parfois réduite à son minimum, n'a qu'une puissance très affaiblie.

Entre les deux se placent l'école classique au second rang, comme la plus rapprochée de la spiritualiste, et la romantique au troisième, comme plus voisine de la naturaliste.

Mais il faut corriger cette première conclusion toute théorique par la considération de la puissance de l'Art lui-même ; il est certain que, là où il réussit mieux à exprimer la beauté de la nature que celle de l'absolu, l'ordre théorique des écoles pourra se trouver interverti : un Art naturaliste bien compris sera préférable à l'Art spiritualiste impuissant. C'est précisément ce qui arrive de notre temps. Ce sont là du reste des considérations sur lesquelles nous aurons besoin de revenir plus explicitement dans un chapitre suivant ; pour le moment il suffit de les indiquer.

Entre ces deux cas inverses il y a place pour une suite d'autres ordonnances hiérarchiques où la préférence pourra être donnée successivement à chacune de nos écoles.

Voilà une conclusion singulière qui semble rendre inutile tout l'édifice de notre classification et nous rejeter dans la confusion des intérêts aujourd'hui en lutte. La clef de cette difficulté est dans un principe très simple :

Chacune de ces hiérarchies est en effet possible, tout comme il est possible d'écrire un même morceau de musique dans chacun des 7 tons de la gamme sans le dénaturer, et vous verrez bientôt, qu'en fait, la prépondérance a été accor-

dée successivement à chaque type. Seulement la
série des transformations que la Peinture a subie
à travers la suite des temps n'est pas arbitraire ;
elle suit une loi qui est celle de l'évolution artistique. La connaissance de cette loi indiquera le
point où nous en sommes de la marche progressive et la direction qu'elle suit vers l'avenir ; celle
par conséquent qu'il faut encourager.

Avant d'en entreprendre la démonstration, redi-
sons toute cette conclusion en un langage moins
abstrait.

La raison indique en premier lieu, que l'Art n'est
pas complet sans l'union harmonieuse de toutes les
écoles qu'il embrasse. Le peintre parfait serait celui qui à l'élévation du génie spiritualiste, joindrait
la noblesse et la science du classique avec la vivacité, la splendeur, la grâce du romantique et la sin-
cérité ou la palette harmonieuse du naturaliste.
Mais cet Idéal dont quelques génies fort rares ont
pu approcher est plutôt le produit des siècles. Jusqu'à ce qu'il soit atteint au moins dans une certaine mesure, l'unité de l'Art ne peut se retrouver

que dans la hiérarchie de ses écoles et dans leur abondance.

En principe il est indubitable que cette hiérarchie est mesurée par la puissance de l'Idée que l'Art doit faire apparaître sous la Forme pour produire le Beau. La mission du Peintre peut être quadruple : son pinceau peut se contenter de plaire par la vérité des représentations ; ou bien il peut émouvoir, soit en charmant, comme les romantiques, soit en soulevant l'enthousiasme comme les classiques ; ou, enfin, il peut élever les âmes jusqu'à la contemplation des grands problèmes de la vie humaine, jusqu'aux aspirations vers les causes premières.

Énumérer ces pouvoirs, c'est classer nos écoles en ordre hiérarchique ; ils correspondent en effet aux quatre degrés de Beauté : la voluptueuse ou agréable ; la charmante, la noble et la sublime. Personne n'hésitera sur l'ordre de ces degrés.

En fait, cependant, toute époque n'étant pas également capable de produire chaque sorte de Beauté, la suprématie appartient à l'école qui surpasse les autres dans l'accomplissement de sa mission. C'est ainsi que le premier rang s'est trouvé successivement occupé dans la suite des temps par les diverses écoles.

Etudier la loi de cette succession, c'est apprendre l'évolution de l'Art pris dans son ensemble et, par là, se rendre capable d'en prévoir et d'en diriger l'avenir ou les nécessités immédiates.

C'est cette démontration historique qui va clore par le chapitre suivant la première partie de cette étude.

# CHAPITRE III

Il ne nous servirait de rien de remonter jusqu'à l'antiquité payenne pour comprendre l'histoire de la Peinture ; elle est alors fort obscure, et, pour l'Europe, elle prend réellement son origine dans l'Art Byzantin, à la naissance du christianisme. Mais il ne faut pas non plus négliger de remonter jusque-là si l'on veut embrasser dans toute son étendue le cycle encore en révolution. C'est un préjugé de nos goûts modernes qui ouvre l'histoire de la Peinture au XII* siècle de notre ère ; on se prive ainsi d'une phase entière dont l'étude est indispensable à la connaissance de la loi d'évolution.

Dans cette époque qui commence au fond des catacombes et s'étend jusqu'au XII* siècle, la Peinture est réglée par des préceptes fixes destinés à maintenir l'orthodoxie de toutes ses significations. Elle est alors expressément déclarée par le Pape St Grégoire, « *le livre des ignorants.* » — « L'artiste

n'invente rien,» disent les Pères du deuxième con-
cile de Nicée ; c'est par les antiques traditions
« qu'on le dirige, sa main ne fait qu'exécuter. Il est
« notoire que l'invention et la composition des ta-
« bleaux appartiennent aux Pères qui les consa-
« crent. » Aujourd'hui encore les moines du mont
Athos, conservent un *guide de la peinture*, manus-
crit grec publié il y a peu de temps, où sont
conservés tous les préceptes de l'Art ; ils se per-
pétuent en l'Eglise grecque de Russie.

Tout était donc fixé : les sujets, les personnages,
les objets à figurer et jusqu'aux couleurs à consacrer à chacun d'eux. Veuillez bien noter les caractères de cette Peinture qui, dans les premiers siècles tout au moins, et notamment à Rome, dans
les catacombes, n'était pas le fruit d'une barbarie
sans expérience, mais au contraire la production
hiératique chez un peuple raffiné :

Les plis parallèles et verticaux; la distribution
symétrique des personnages ; la recherche des lignes droites, l'absence des mouvements dans les
poses ; une gravité calme et sévère ; l'observation
assez exacte des proportions anatomiques, sauf

l'exagération de la longueur ; l'élévation morale
ou sociale représentée par la taille des personnages ;
les pieds vus de face pour continuer la ligne per-
pendiculaire des jambes.

La révolution accomplie au xiii° siècle par
Duccio, Memmi et Cimabuë, dans les écoles
Siennoise et Florentine fut le premier pas vers le
réalisme. Elle consistait à briser ces liens hiératiques
pour y substituer la liberté des formes, la variété
et la passion. Avec eux commence *l'Anthropomorphisme.* C'est la période qu'on designe comme
*Peinture d'expression.*

Elle se poursuit jusqu'au xvi° siècle où la Renaissance fait un pas nouveau par une autre révolution.
Le symbolisme respecté longtemps encore par les
primitifs est abandonné complètement ; la Foi est
en réalité disparue ; l'Art chrétien tombe dans le
pagonisme ; les traditions, les légendes religieuses
n'y sont plus considérées que comme une source
d'émotions dramatiques susceptibles de représentations passionnantes ; aussi la mythologie antique
s'y mêle-t-elle promptement pour finir par se
substituer au christianisme.

En même temps la recherche de la vérité naturelle s'accentue ; seulement elle n'est encore demandée qu'à la science ; d'abord par les lois de la perspective qui viennent s'ajouter aux ressources nouvelles dont la pratique s'enrichit par la peinture à l'huile ; plus tard par l'étude approfondie des anciens. C'est ainsi qu'elle aboutit, avec l'aide des érudits, Winckelmann, Lessing et autres à l'école de David qui marque l'apogée de ce genre.

Sous les mêmes influences l'Art s'était varié considérablement ; les genres s'étaient multipliés et spécialisés ; les écoles, les styles s'étaient répartis entre les nations, tandis qu'auparavant l'Italie en avait conservé le monopole.

La dernière période, qui commence vers 1830 par la réaction romantique contre l'école de David, met fin à l'anthropomorphisme, et doit aboutir à l'épanouissement naturaliste, à cette diffusion à cette multiplicité extrême des genres et des écoles que la critique déplore aujourd'hui.

Ce rapide coup d'œil nous fait voir déjà la loi évolutive de l'Art : Il naît du culte religieux, de la contemplation de l'Absolu, mais d'une contemplation révélée, acceptée par la foi, irraisonnée, incomprise. Le but et l'effet du progrès seront de faire passer les âmes de cet état à celui d'une connaissance intellectuelle, logique, complète, mais qui restera cependant toujours anxieuse de l'Absolu perdu de vue, qui tendra d'autant plus à y revenir qu'elle se sentira plus éloignée par l'égarement de ses recherches :

La seconde période ajoute la passion à la foi ; la troisième le raisonnement, la quatrième l'observation précise et positive. Alors une synthèse dernière s'imposera pressentie, appelée, cherchée par tous avec une ardeur croissante.

Vous reconnaissez aisément ici les trois phases signalées dans le chapitre précédent, comme correspondant aux cultes successifs de la Divinité, de l'Humanité confiante en soi-même et de la Nature qui s'impose fatale ; — ou encore aux trois phases de foi, de raison protestante et de science.

C'est par elles que la vérité révélée au début de tout grand cycle, par quelques génies supérieurs, se développe sous les efforts instinctifs du progrès. Arrivée à la multiplicité de la science analytique dont notre siècle est un exemple sans précédent,

elle aspire à se rassembler dans une unité magis-
trale dont le pressentiment s'agite au fond de toutes les consciences avec l'espoir d'une lumière jusqu'alors insoupçonnée.

C'est cette loi universelle qu'a subie jusqu'ici
la Peinture moderne; vous pourriez la reconnaître
dans tous les temps et pour tous les arts : nous
nous bornerons à vous la faire apercevoir dans
l'antiquité même qui excellait dans la connaissance de ces lois universelles : voyez par exemple le théâtre grec : Il commence par les mystères religieux qui donnent son nom à la *tragédie ;*
Eschyle dont la muse est toute patriotique, avec
ses accents majestueux et ses effets de terreur,
vous représente notre seconde période ; après lui
Sophocle au vers élégant et poli, plein de cette
douceur qui l'a fait surnommer l'abeille attique,
vous donne la note romantique, Euripide vous
représentera le naturalisme.

Plutarque vous signalera le même phénomène
en vous partageant l'histoire de la comédie, une fois
sortie de ses origines, en : ancienne qui est politi-
que (Aristophane) ; moyenne qui est sentencieuse

et licencieuse, et nouvelle qui dépend la vie commune.

Mais entendez sur la Peinture elle-même ce
que nous dit Aristote, ce philosophe prodigieux,
pour spécifier la marche progressive de l'Art
grec : « Le plus ancien peignait les hommes
« *meilleurs;* le second, *tels qu'ils sont ;* et le plus
« moderne, *pires.* » Peut-on dire en moins de
mots la succession du spiritualisme, du rationa-
lisme et du naturalisme ?

Il reste à accomplir maintenant cette synthèse
qui doit nous ramener à l'Unité savante et consciente ; c'est là le problème de l'avenir ; mais nous
devons voir surtout comment il faut l'attaquer
pour le présent.

Avant d'aborder cette question nous avons à compléter cette trop brève esquisse de l'histoire en
vous montrant dans chaque période le retour des
mêmes phases et dans le même ordre hiérarchique.
Nous abrègerons de notre mieux ces détails complé-
mentaires, mais nous ne pouvons les passer entièrement sous silence ; ils sont nécessaires pour faire
comprendre l'esprit de notre siècle trop décrié.

*Premier âge, du 1ᵉʳ au XIIᵉ siècles : L'art byzantin.*

Quelques mots suffisent à la période lointaine et obscure de l'Art byzantin ; ses historiens nous y signalent d'eux-mêmes les divisions que nous cherchons.

Les quatre premiers siècles sont entièrement consacrés au symbolisme rigoureux qui récitait aux initiés, mais voilait aux profanes, les mystères soigneusement réservés au sanctuaire : En même temps l'Art se consacre, radieux, à l'Amour divin, avec joie, sans amertume. Dieu le Fils est seul représenté sous la forme humaine parce qu'il s'en est revêtu ; les autres personnes ne sont figurées que par des symboles abstraits. Toutes les peintures choisies pour l'instruction des fidèles parlent exclusivement de la Providence divine ; on n'y voit que des scènes de tendresse.

Au vᵉ siècle le tableau commence à s'assombrir, à devenir tragique ; les scènes de la Passion se multiplient ; pour la première fois le Christ est représenté en croix. Ce caractère s'accentue parti-

culièrement aux vii° et viii° siècle. En même temps
les trois personnes de la Trinité prennent la forme
humaine.

Enfin à la sortie des persécutions iconoclastes,
au xi₀ siècle, la physionomie du Sauveur devient
plus sévère; c'est un juge irrité ; le tableau des
vertus et des vices s'ajoute à celui des scènes religieuses avec les détails effrayants du jugement dernier ; les danses macabres font leur apparition ;
l'image du démon se multiplie en proportions effra-
yantes. Telle est l'expression de ce naturalisme
qui se manifeste dans nos cathédrales gothiques avec toute la franchise réaliste que vous
savez.

Vous remarquerez parallèlement à ce tableau les
progrès croissants de la couleur dès le vii° siècle ;
ils se manifestent surtout par les deux procédés
principaux alors connus: l'enluminure et la tapis-
serie qui succèdent aux froides mosaïques et aux
fresques des premiers temps.

Veuillez noter aussi une observation importante ;
c'est la multiplicité des détails et de l'ornementa-
tion qui s'accuse à la fin de chaque période. L'Art

4

byzantin en offre un exemple saisissant ; cet amour du détail est un trait du naturalisme que nous retrouverons en tous temps.

*Deuxième âge : Anthropomorphisme ; Les primitifs du XIII° au XV° siècle.*

Les périodes de cet âge s'aperçoivent clairement par la composition des sujets religieux qui la remplissent encore ; un simple coup d'œil d'ensemble sur les primitifs y montre le développement rapide de l'anthropomorphisme.

Voús pouvez voir les derniers effets de la période byzantine dans la *Christographie* des xi° et xii° siècles. Les symboles y ont fait place au drame ; la Trinité y est oubliée pour l'histoire de l'Homme-Dieu, rédempteur des hommes, qui vient les arracher au démon ; ce sera l'idée dominante de tout cet âge, car chaque période a pour esprit inspirateur de ses débuts la conclusion née de la période précédente.

Avec le xii° et une partié du xiii° siècle, nous

descendons à la représentation plus particulière de la Vierge Marie et des Anges. Ceux-ci ont perdu leurs distinctions symboliques ; leur hiérarchie a disparu sous l'uniformité de la figure humaine ailée. Voyez, par exemple, comme ils se multiplient sur les tableaux de *Duccio*, de *Cimabué*, de *Giotto*, et sous quelle forme.

C'est à la même époque que l'âme commence à être figurée sous forme humaine asexuée. Sur les vitraux des cathédrales, qui deviennent plus communs, comme dans les sculptures, les tableaux du jugement dernier se multiplient nous montrant les âmes disputées entre les anges et les démons. C'est l'âge de l'*Angelographie*.

Celui de l'*Hagiographie*, ou de la représentation des saints lui succède à la fin du xiii° siècle et durant le xiv°, avec l'*Angelico*, *Fabriano*, *Lippi*, *Gozzoli*, que continueront *Lorenzo*, *Massone*, etc... Les Anges de plus en plus matérialisés sont relégués souvent au ciel, et le tableau offre plusieurs étages ; les sujets favoris de ce temps sont les légendes des prophètes d'abord et des sybilles, puis celles des saints ; c'est surtout sur la transparence éclatante des vitraux qu'elles aiment à se dérouler, encadrées de riches ornements.

L'école Vénitienne, que caractérise le type coloriste, achève cette période dans le réalisme en passant de la légende humaine à l'allégorie mythologique mi-chrétienne, mi-payenne. Vous reconnaissez les peintures de *Mantegna*, de *Carpaccio*, de *Lotto*, et du Siennois *Samo*.

L'inspiration est alors demandée aux poètes plutôt qu'aux Ecritures; la fantaisie ne s'annonce pas seulement par le mélange de la mythologie payenne, les fables antiques apparaissent aussi à côté des danses macabres. L'Eglise par ses prédicateurs, tels que le célèbre Gerson, dénonce sévèrement cet envahissement du sensualisme. Vous remarquerez en même temps l'apparition progressive du paysage : architectural d'abord chez *Mantegna* ou *Carpaccio*, puis plus hardi chez *Samo*, *Lotto*, *Cima*. Nous touchons alors à la Renaissance : Le *Pérugin*, *Léonard de Vinci*, Le *Titien* sont tout proches.

Il est superflu, n'est-ce pas, de vous signaler le mouvement descendant de la forme parallèle à celui de la composition : Tandis que celle-ci nous représente successivement : l'Homme-Dieu; Dieu près de l'homme (par les Anges), Dieu en l'homme (par les Saints) et Dieu dans la Nature (par l'Allégorie et la mythologie), nous passons de la finesse sévère de *Duccio*, de *Cimabué*, de *Memmi*, de *Giotto*, aux suavités d'expression de l'*Angelico*, de *Bartolomeo*, aux couleurs éclatantes de *Grillandajo*, de *Fabriano*, de *Mantegna*, de *Carpaccio* aux nuances si fines et si harmonieuses de *Bellini*, de *Lotto*, de *Cima*, qui nous présagent déjà le Titien et son école.

La Peinture passe toujours, avec l'idée, de l'abstraction du dessin au sensualisme que la couleur traduit. Une étude plus attentive que celle que nous pouvons faire ici vous montrera facilement tous les degrés de cette marche. Elle devient plus nette avec la Renaissance.

### 3ᵉ *Age : L'Art classique*
### *Du* XVIᵉ *au* XVIIIᵉ *siècle.*

Il suffit maintenant d'énumérer :

4.

Premier temps ; xvi° siècle, donnant l'esprit dramatique de tout cet âge :

Peinture religieuse (dramatisée) de la renaissance italienne : *Le Perrugin, Raphaël, Michel Ange, Léonard de Vinci, le Corrège, le Titien,* etc...

C'est l'art du Clergé.

Deuxième temps : xvii° siècle : Peinture héroïque et mythologique : *Le Poussin, Lesueur, Lebrun, Mignard, Rigault, Philippe de Champaigne, Rubens, Van Dyck* etc, etc...

C'est l'Art de la Noblesse.

Troisième temps : xviii° siècle : Le rococo, puis l'Art français de la Révolution et de l'Empire : peinture des idylles, peinture de mœurs, de genre ; peinture patriotique : *Coypel, Les Vanloo, Watteau, Boucher, Greuze, Proudhon, David* et les 4 G. etc, etc...

C'est l'Art de la Bourgeoisie.

Quatrième temps : xviii° et xix° siècles. Le romantisme et le Naturalisme. Commencé déjà avec *Salvator Rosa, Ribeyra, Murillo, Claude-Lorrain, Vernet, Rembrandt, Hobbema, Paul Potter, Jor-*

*daens* et tous ces Hollandais dont Louis XIV méprisait tant *les Magots*, il ne triomphe réellement, dans la personne même de ces précurseurs, qu'avec la réaction romantique de 1830 qui remet en relief ces maîtres laissés jusqu'alors à l'arrière-plan. Il est bien superflu de rappeler tous les vaillants et célèbres champions de ce mouvement : *Raffet, Delacroix, Ingres, Delaroche, Meissonnier, Deveria, Vernet, Fromentin, Diaz, Corot* et tant d'autres.

C'est l'art démocratique.

Nous vous faisons grâce des détails de chacume de ces phases ; vous les reconnaîtrez aisément. Il faut insister cependant sur la renaissance parce que cette époque transitoire nous offre un phénomène très remarquable : celui d'une synthèse, signalant l'apogée du cycle entier, et se multipliant aussitôt pour présider à la seconde partie de l'évolution.

Vous voyez en effet, après que cette brillante époque a jeté tout son éclat par ses maîtres admirables, l'école coloriste triompher avec le *Corrège*, le *Tintoret*, P. *Véronèse*, puis la décadence apparente aboutir à l'éclectisme expressément déclaré par lequel les *Carrache* tentent de rassembler en une seule école toutes les qualités acquises au cours des précédentes.

Le rôle magnifique de l'Italie est alors terminé ; comme si elle fût suffisamment glorifiée par tant de chefs-d'œuvre, elle s'efface et c'est la France qui hérite de cet art classique, fruit de si puissants efforts. En même temps les caractères se partagent entre les nations : L'Italie reste plus spiritualiste, mais après le *Dominiquin,* l'*Albane* et le *Guide,* elle tombe rapidement dans l'impuissance du pastiche ou dans le naturalisme sensualiste. Celui-ci triomphe en Espagne avec *Velasquez, Murillo, Subleyras* et surtout chez les Flamands, tandis que les genres moyens restent à la France.

Vous remarquerez qu'un phénomène analogue mais bien plus restreint se reproduit avec l'école de David, apogée du genre classique, d'où sortiront, en la brisant, tout le romantisme et tout le mouvement naturaliste actuel.

Vous en conclurez aisément, sans doute, qu'un sort semblable attend notre mouvement contem-

porain ; vous allez voir en effet qu'il s'y révèle
déjà. Mais permettez-nous de consacrer un chapitre entier à l'examen de cette importante question. Terminons celui-ci en vous rappelant, d'une
simple énumération sur laquelle il faudra revenir,
la répartition quaternaire, déjà signalée, de nos
écoles, et résumons toute cette rapide histoire
en un tableau synthétique qui vous en dira tout le
cours d'un simple coup d'œil.

La quatrième époque se subdivise en :

1° Réalisme naturaliste des coloristes (partagé lui-même en : impressionistes, systématiques,
symphonistes et harmonistes).

2° Réalisme raisonné du plein air.

3° Réalisme sentimental et philanthrope.

4° Idéalisme mystique des esthètes.

## TABLEAU SYNOPTIQUE
### RÉSUMANT L'HISTOIRE DE LA PEINTURE

| | | Inspiration divine (Spiritualistes) 1 | Inspiration humaine (Rationalistes) 2 | (Sentimentaux) 3 | Inspiration de la nature (Réalistes) 4 |
|---|---|---|---|---|---|
| L'Esprit Universel Créateur, Un | Art byzantin symbolique (Le Divin glorifié) | Peinture purement symbolique Ier à IVe siècles. | Symboles dramatisés (Christ en croix — La Passion) Ve à VIe siècles. | | Scènes lugubres (Enluminure, tapisseries) VIIe à Xe siècle |
| | Art des Primitifs ou (Peinture d'expression) Anthropomorphisme religieux | Christographie (Dieu fait homme) (La ligne) XIe et XIIe siècles. | Angelographie (Dieu près l'homme) La Vierge et les Anges anthropomorphes (Duccio-Cimabue) L'expression XIIe-XIIIe siècles. | Hagiographie (Dieu en l'homme) Les Saints (les légendes) (Ecole Florentine) XIIIe-XIVe siècles. | Allégorie (Dieu dans la nature) Allégories fables, mythologie (paysage) (Ecole vénitienne) (La couleur) XIVe-XVe siècles. |
| L'Esprit Individuel (humain) | Art classique L'Homme glorifié | Peinture religieuse dramatisée (Religion et mythologie) La Renaissance (Synthèse italienne) Art du clergé (Dessin) XVIe siècle. | Peinture héroïque et officielle Mythologie et histoire (Synthèse française commencée) Art de la noblesse (Perspective) XVIIe siècle. | Peinture de genre et patriotique Idylle, mœurs et actualités (Synthèse française achevée) Art de la bourgeoisie (clair obscur) XVIIIe siècles. | Romantisme Le moyen âge, le drame, les mœurs et le paysage (le pittoresque) Art démocratique (Couleur) XIXe siècle. |
| L'Esprit Universel (créé, multiple) | Art naturaliste La Nature glorifiée | Symbolisme esthétisme | Réalisme raisonné (plein air, etc.) | Réalisme sentimental | Peinture des coloristes (impressionnistes, harmonistes, etc.) |

# DEUXIÈME PARTIE

## Justification de notre époque.

---

## CHAPITRE IV

### LA PEINTURE CONTEMPORAINE

Ecoutons d'abord les doléances de la critique sur la Peinture moderne ; nous les empruntons à divers comptes-rendus des derniers salons :

« L'Art s'en va ! L'art est mort ! — Du talent, « on en trouve à s'en étonner ! mais de l'Art ? « La moyenne en est aussi basse que possible. »

Le Peintre n'a plus le respect du public ; il ne songe plus qu'à en flatter les fantaisies variables comme la mode, par intérêt, par nécessité de vivre même, le salon n'étant plus, à quelques exceptions près, qu'une halle aux toiles. Aussi

reflète-il tous les défauts de la société moderne :
individualisme égoïste, nervosité, anémie toute
portée aux sensations musicales, incapable de
sensations plastiques, de force ; incertitude, anxiété, mobilité du goût qui court du mysticisme
au naturalisme, du réalisme au symbole, incapable de se fixer, faute d'un idéal.

La puissance, la grandeur, ont fait place au pittoresque, à la mièvrerie que l'énervement récla-
me ; nous sommes affolés de subtilité : « Une
« harmonie, un ton, une touche, un accord nous
« ravissent ; nous demandons à l'artiste d'immo-
« biliser le fugitif », et, lui ne songe qu'à satisfaire ces caprices de malade.

Aussi, voyez sa précipitation ; « il saute sur le
« pinceau avant d'avoir saisi le crayon, avant d'a-
« voir étudié la structure d'un arbre, la stratifi-
« cation d'un terrain. Pourvu de tout ce que l'é-
« cole ne donne pas : l'intuition, l'instinct de la
« vie, une pointe d'émotion en face de la nature
« muette ou de la créature qui respire; il lui man-
« que tout ce que l'Ecole donne. Et plein de mé-
« pris silencieux pour le talent parce qu'il ne

« croit qu'au génie, il se refuse à l'étude pour
« s'en tenir à l'impression rapide. »

La scission du Champ de Mars est née de
« cette infirmité, du désir d'éviter à quelques-uns
« le contact désobligeant des œuvres finies, cares-
« séeslongtemps, méditées, définitives. C'est le refu-
« ge des études, des ébauches, de tous les brouil-
« lons du travail, de tous les essais, de tous les
« rebuts de l'atelier.

L'idée manque au peintre moderne ; il ne
« sait rien dire à ceux qui vivent de la pensée et
« qui veulent qu'on frappe sur eux pour la faire
« jaillir. » Voyez les sujets favoris dont il encombre
nos salons : « Des intérieurs, des arrière-bouti-
« ques, des cafés, des repasseuses, des chiffo-
« niers, des marchands d'habits, une brasserie,
« une silhouette, un portrait gris, un portrait
« noir, une dame en rouge. Mais de nos légen-
« des, de notre vie sociale, de l'ébullition du cer-
« veau national, de l'inquiétude de notre humani-
« té, rien ou presque rien.

Ou bien, au contraire, comme par une réaction exagérée, s'il veut penser, la forme lui échap-

5

pe ; il va se perdre dans un mysticisme vague,
dans un symbolisme sans correspondance précise
avec le monde des idées des êtres ou des actes,
courant après des mirages énervants, des rêves
inutiles, tourmentés, des appels vagues où l'esprit
souffre. Entre ces deux manifestations extrêmes,
de la peinture littéraire amorphe ou de la forme
exubérante mais sans pensée, tous les genres
sont en souffrance.

« L'art religieux ne témoigne plus d'aucune
« foi ; il se fait jeune inventif, attachant, tout
« l'opposé de ce que les dogmatistes nomment
« la peinture sacrée » ou bien il va s'égarer dans
ce romantisme particulier « sorte de schisme auto-
« ritaire, mysticisme botticellien, d'importation
« anglaise, cimabuïsant, giottesque, dont nos
« misères inventives font état aujourd'hui comme
« d'une idée splendide en sa nouveauté.

« La mythologie, qui fut une admirable source
« d'art est tout à fait oubliée ; les intransigeants
« parmi la jeunesse fougueuse s'en amusent fort
« et les tenants du vieux système en ont quelque
« honte ! » Et comment traitée quand on l'aborde !

« Que de hasard un prix de Rome s'avise de
« dévêtir une déesse dans un bois sacré, c'est,
« vous le devinez, une façon comme une autre de
« montrer une marquise d'allure un peu libre,
« mais ce n'est pas la vraie mythologie... de la
« période classique ; c'est tout bonnement du Bou-
« cher, de la décoration, du genre.»

« Sur le fait de la peinture historique on remar-
« que une chose, c'est combien l'esprit se dégage
« des idées graves et des solennités... L'histoire
« prudente d'il y a cinquante ans est bien près d'a-
« voir fini sa course ; nous voici plus volontiers au
« genre historique. »

La peinture de mœurs ou d'actualité tombe dans
le reportage, dépensant en pure perte beaucoup de
talent pour nous raconter longuement un rien,
pour l'amour du document. « C'est qu'elle s'en
« tient trop souvent à la dernière, à la plus insigni-
« fiante qualité du peintre : l'exactitude. »

« Le portrait, lui aussi, est bien détourné de son
« origine, bien dégagé de sa logique par la faute
« des modèles et des expositions autant que des
« peintres. » Ils cèdent trop volontiers à l'ambi-

tion ridicule de *M. Jourdain* de ne se faire peindre
que sous des formats réservés jadis aux fondateurs
de dynasties. De là le caractère emprunté et anti-
naturel de ces effigies. Le peintre revient-il, au contraire, à la vérité, il se perd dans les détails du cos-
tume autant que dans ceux de la figure, s'amusant
aux reflets du velours ou de la soie, aux moindres
rides, y noyant l'expression vivante qui devrait
dominer ici.

La composition des tableaux trahit aussi bien que
leur inspiration cet amour exagéré de la réalité qui
caractérise notre peinture moderne. Les musées
d'ethnologie sont mis à contribution pour le moindre tableau d'histoire ; les instantanés des savants
servent de modèle pour le galop du cheval ; on dis-
cute s'il est permis de représenter tel saint avec
une barbe. Le moindre détail est copié rigoureu-
sement. « Le peintre moderne ne comprend pas
« tout ce qu'il faut avoir médité et apprécié pour
« n'exprimer que l'essentiel et laisser le reste sous-
« entendu. » Aussi, quand il veut faire grand et
majestueux, ne réussit-il qu'à faire abondant et

multiple ; « il ne sait point généraliser, il n'est
« qu'une chambre claire. »

Enfin sur l'exécution elle-même tantôt la critique reproche la négligence ou l'ignorance du
dessin, tantôt reconnaissant la richesse et l'harmonie des couleurs, où nos peintres excellent,
elle les trouve trop attachés aux clartés éteintes,
aux teintes effacées et complexes. Ce ne sont,
dit-elle, qu'artifices propres à dissimuler des
faiblesses ; artifices dangereux, parce que sous
prétexte d'exquisité, ils ne servent qu'à pro-
voquer une excitation maladive à laquelle quan-
tité de gens se laissent prendre.

Vous entendez bien que ces doléances émanent de gens attachés aux préceptes anciens
aux règles caractéristiques des époques dont
l'histoire nous a montré tout à l'heure la suite
régulière. Renouvelant, en effet, pour la peinture,
cette grande querelle des anciens et des modernes qui avait tourmenté les littérateurs du XVII
siècle, ils fondent leurs reproches, qu'il ne
faudrait pas trop négliger cependant, sur les
préceptes classiques de l'Idéal immuable ou

sur la théorie romantique qui borne l'Art au génie de l'artiste.

« L'Art, disent-ils, doit arranger la Nature et « non la traduire. — Le commencement de « l'Art, c'est la déformation. » En dehors de ces préceptes le plus grand talent nous laisse froids malgré toute sa conscience, toute son exactitude savante, ou sa facilité même. « Retracer ce qui a « été fait, c'est le rôle de l'histoire ; celui de la « poésie est de nous dire ce qui a pu être fait ; « la première est tenue à la vérité, la seconde n'est « tenue qu'à la vraisemblance. »

Les défenseurs des écoles modernes font à ces partisans de la tradition une réponse fort intéressante où nous allons voir leur instinct obéissant au courant de l'évolution, nous en tracer la direction normale, nous aider à dévoiler l'avenir qu'eux mêmes, cependant, n'aperçoivent pas très-nettement.

Vous nous reprochez, disent-ils, d'exciter la nervosité, au lieu d'imposer la puissance ou d'éveiller l'activité des passions. Telle est bien, en effet, notre intention, car, partageant la haine de notre siècle contre toute tyrannie brutale nous préférons la délicatesse du nerf à la violence égoïste du muscle; l'intelligence à la force.

L'idée nous manque, dites-vous. Vous pourriez ajouter que nous la fuyons parce que, fatigués des illusions et des égarements de la raison humaine, nous ne voulons plus croire qu'à la nature. C'est d'elle que nous attendons la vérité, en elle seule nous cherchons cette pensée que l'Art doit faire resplendir sous le voile de la matière, et dans la crainte de la troubler de nos propres désirs nous nous attachons à la reproduire telle que la perçoit notre sensibilité nerveuse, par la traduction exacte des instincts que nous lui devons.

Gardez vos dieux à forme humaine, la solennité mensongère de vos héros, leurs poses théatrales, leurs groupements convenus et leurs visages factices ; votre lumière artificielle, vos paysages arrangés sur le modèle de rêves appris ! C'est le plein air qu'il nous faut et la vie naturelle sous toute ses formes.

Vous nous jugez vulgaires parce que nous ne

voulons plus croire que la noblesse ou la vivacité
des sentiments soient le privilège d'un type con-
venu plus que d'une classe sociale. Nous avons
brisé vos moules antiques ; les murs de vos
écoles nous étouffaient ; nous étions las des quelques masques que vous en décrochez pour rendre des passions étudiées ; nous avions hâte
de courir à travers le genre humain d'en fouiller
la conscience jusqu'en ses derniers replis, de
l'examiner jusqu'en ses plus humbles sujets ; nous
dédaignons vos aristocratiques mensonges pour
les joies et les souffrances que notre fraternité
veut connaître et rendre.

Si nous sommes mélancoliques c'est que nous
l'avons sondée dans sa vérité l'âme humaine dont
vous ne connaissez que les rêves déçus ; nous
avons vu quelle souffrance y domine et nous
aimons à la traduire comme un cri de l'Humanité
vers l'Universel.

C'est l'essence des choses que nous cherchons
en fouillant ainsi la Nature dans l'infinie multiplicité de ses aspects changeants. Si nous sommes
précipités et hâtifs, c'est à cause de son insai-

sissable mobilité, anxieux, comme vous le dites
de fixer par l'Art la fugitive apparition de l'esprit
sous la forme. Si nos essais sont si multipliés c'est
que nous les poursuivons sous tous les aspects de
la matière qu'il façonne ; celui-ci par la forme,
celui-là par la couleur, cet autre sous les masques
individuels.

Nous n'avons plus de foi, pensez-vous ; dites
seulement que nous ne connaissons plus cette foi
du passé que tant de désillusions et de souffrances
ont effacée du cœur humain. Mais pour être autre
notre foi n'est pas moins ardente que la vôtre en
l'essence de la Nature, en la Vérité que toute
chose renferme, en la possibilité de deviner cette
vérité sous la transparence des aspects réels et de
la faire éclater par eux. Guéris des illusions de
votre idéal trompeur, nous ne voulons plus des
artifices sous lesquels il déguise la Nature, parce-
que nous avons plus de confiance en elle qu'aux
rêveries de notre imagination.

Et nous nous flattons, en notre mysticisme réaliste, d'être plus spirituels que vous ne l'êtes en
votre culte de l'idéal ; plus universels en nos aspi-

5.

rations, plus fraternels en notre humanité, plus
synthétiques jusque dans la forme où nous poursuivons si volontiers la fusion de l'harmonie.

Mais, vous n'êtes pas sans reconnaître vous-
mêmes parfois la justesse de nos principes,
sans accepter les succès que nous leur devons.
Vous savez bien que si chacun de nos peintres
modernes a sa formule spéciale, le désarroi de l'é-
cole n'est qu'apparent; la division de notre travail en prouve l'activité. Nos audaces même n'ont-
elles pas leur excuse dans la nouveauté de nos
recherches; ne méritent-elles point plus d'encou-
ragements que de blâmes?

Vous reconnaissez bien que « les tons frais de
« nos couleurs qui s'harmonisent engendrent des
« rêves, éveillent des pensées inconnues; qu'il y
« a dans nos peintures des harmonies de couleurs
« qui sont des cris de l'âme, des gammes som-
« bres et des palettes désolées qui expriment des
« sanglots ».

Vous avez bien senti devant les toiles de
*Raffaëlli*, par exemple, « que chaque personnage
« creusé en son individualité donne l'allure d'une

« société parfaitement rendue dans ses éléments
« comme dans l'ensemble de sa physionomie ».

Tel portrait de Carrière, « grâce à la profonde
« attention de son étude, vous a rendu parfaite-
« ment le type universel et vrai de l'enfant et de
« la mère, sans que la date y fasse rien ».

En face de Puvis de Chavannes vous reconnaissez le rêve ; en face de Burne Jones, vous avouez
que « l'effacement voulu de la couleur vous dit la
« supériorité de l'esprit sur la matière. » Vous nous
appelez alors, « ceux qui ne peignent plus les corps,
« mais prétendent peindre les âmes ». Vous com-
mencez à comprendre pourquoi, fidèles amants de
ces âmes, nous peignons avant de penser de peur
de les perdre de vue en pensant, comme vous,
avant de peindre vos propres illusions.

Ainsi se justifient et l'esthétisme, recherche
mystique de la réalité, et le symbolisme en quête de
l'Au delà et les scrupules du réaliste et les hardiesses voulues de l'impressionniste, fidèles repro-
ducteurs des individualités ou des types, et les
audaces séduisantes du coloriste harmonieux ou
brillant.

Cette querelle peut se résumer en quelques mots :

Autrefois l'artiste, s'inspirant d'une pensée pré-conçue, d'un idéal, lui cherchait une expression extérieure ; aujourd'hui, comme fatigué de l'inu-tilité de cet effort, c'est hors de lui-même, dans son expression naturelle, que l'artiste va cher-cher l'idéal perdu.

Autrefois l'art poursuivait la forme de l'Esprit ; aujourd'hui il veut faire jaillir l'Esprit de la Forme. L'esprit humain s'est inversé.

Vous avez vu, sans doute, assez clairement dans le précédent chapitre les origines de ce mouve-ment irrésistible. Vous avez reconnu son point de départ au début même de l'ère chrétienne dans la Foi qui venait substituer l'Unité du Dieu trini-taire à la multiplicité des dieux payens.

Vous avez vu le symbole si simple au début, se dramatiser, et s'assombrir dans son expression et dans sa forme à mesure que la passion s'impré-gnait des croyances premières. Vous vous souve-nez comment l'esprit humain, fortifié, plein de confiance en soi-même, descendant dans l'expression toujours plus humaine de ses aspirations avait produit successivement l'Art religieux Italien, l'Art héroïque du grand siècle; l'Art gracieux ou solennel du siècle passé, pour aboutir à cette sève d'automne si riche et si chaude du romantisme.

Vous avez remarqué que chacune de ces trois grandes périodes avait fait passer l'Art de la Peinture du souci de la ligne à la prédominance de la couleur, que chacune s'était achevée dans une sorte de naturalisme relatif où l'âge suivant trouve un point d'appui, de sorte que les efforts antérieurs ne soient jamais perdus pour les progrès futurs.

Vous ne devez donc plus vous étonner du mouvement qui nous emporte aujourd'hui vers la couleur, vers la perspective étalée, vers la nature, en un réalisme définitif, dans l'épuisement complet de l'idée première qui nous a tellement pénétrés que nous commençons à percevoir son universalité dans l'essence de toutes choses qu'elle imprègne comme nous.

Nos pères n'avaient senti qu'en eux-mêmes l'Esprit qui se répandait petit à petit jusqu'au fond

de leurs âmes pour en éveiller toutes les énergies ;
nous commençons à le percevoir en dehors de nous
et plus ambitieux qu'eux encore, nous aspirons
à l'embrasser dans son infinité que nous aperce-
vons dans la Nature à mesure qu'il nous en fait
toucher les mystères et qu'il s'y révèle tout diffusé.

Cependant, nous en sommes encore au début
de ces efforts superbes ; nous n'y pouvons qu'entrevoir l'admirable envolée qui doit nous faire remonter de ces fonds enténébrés à la source lumineuse d'où l'Idéal nous est venu à l'origine. De là les
défauts réels qui choquent en nos audaces.

La Peinture moderne est écrasée souvent par
le réalisme parce qu'elle est encore en lutte avec la
matière pour en faire jaillir l'esprit, et, par là même, elle dénonce la grandeur de ses efforts qui répondent parfaitement à l'essence de l'Art.

Elle nous rend la fatalité parce que c'est la Nature
même qu'elle traduit et que la Nature est entièrement soumise à la tyrannie des lois universelles ;
mais c'est en elle aussi que l'Esprit qui les dicte
apparaît le plus clairement, et c'est ce qui justifie
le travail du réalisme.

C'est aussi la justification de tout l'effort de notre siècle, de sa science qui ne recule devant aucune vérité, de ses doutes, de ses inquiétudes, de
ses souffrances, de ses aspirations. Car si l'Art
moderne reflète si fidèlement le caractère de son
temps, ce n'est pas qu'il le flatte, c'est qu'il suit
avec lui les lois immuables et irrésistibles de l'évolution; c'est qu'il plonge avec lui, vaillamment, comme
le Dante et son guide, aux profondeurs ténébreuses
de la matière, avec la conviction qu'il émergera
bientôt vers les splendeurs de la Lumière éternelle.

Mais en Art, comme en toutes choses, nous en
sommes encore aux aspirations, aux désirs. C'est
pourquoi l'Art moderne ne peut pas remonter
à la première des fonctions du Peintre, au
rôle supérieur de la Grande Peinture, qui guide
les consciences au lieu de les toucher seulement ;
il n'en est même encore qu'à les émouvoir dans
leurs instincts naturels, qu'à leur faire pressentir
par toute la puissance de la forme l'Esprit qui tres-
saille en elle. Mais c'est par un Art ainsi conduit
que l'Esprit pourra réapparaître un jour en une
splendeur nouvelle.

Car notez-le bien, parmi les réalistes eux-mêmes, il y a plus de spiritualité réelle, plus d'aspiration idéale dans les rutilantes erreurs d'un *Bes-*
*nard,* dans les éclatantes symphonies d'un G. *Mo-*
*reau,* dans les délicieuses tendresses de nos *har-*
*monistes* que dans les touchantes observations d'un
B. *Lepage* ou d'un *Millet,* ou même dans les rêves séduisante d'un *Puvis de Chavannes*

Il y a plus de foi en celui qui n'attend que de
la matière elle-même l'éclosion de l'Esprit qu'il
devine, qu'en celui qui pense nous le faire
mieux voir par un retour aux formes des premiers
temps.

Que faut-il donc faire pour hâter cette éclosion
si activement poursuivie ? L'histoire va nous répondre et justifier les tentatives les plus modernes
tout en disant comment elles doivent être orien-
tées.

# TROISIÈME PARTIE

## Solution de la Question.
## Satisfaction des tendances modernes par l'exploration de l'Invisible.

———

### CHAPITRE V

#### EVOLUTION DE LA PEINTURE DANS L'AVENIR.

Revenons encore, si vous voulez bien, à notre tableau historique pour juger par une rapide révision du passé ce que l'Avenir nous réserve et ce qu'il exige du présent.

Laissez-nous vous rappeler que l'évolution qui s'achève aujourd'hui a consisté dans la glorification successive des trois Puissances entre lesquelles les anciens Sages partageaient le gouvernement de l'Univers, savoir : Glorification de la

Divinité — glorification de l'Homme ; glorification de la Nature. Ce sont les trois essences que
la Beauté artistique a. fait ressortir à travers la
forme ; leur succession nous apparaît comme une
descente du ciel sur la terre, de l'Esprit dans la
matière.

Le mobile en est dans cette avidité pour la
puissance souveraine et éternelle qui n'a jamais
cessé d'embraser le cœur humain. Sous son
impulsion vous voyez l'homme, infatigable à la
poursuite de l'Absolu qui semble fuir sans cesse ;
s'efforcer de prendre possession de l'idéal par
une analyse poursuivie sans relâche à travers les
siècles ; s'emparer de toutes ses manifestations
variables ; le contraindre à se révéler sous tous les
aspects.

Dans cette lutte difficile, l'homme exalté bientôt dans l'orgueil de sa propre force a perdu de
vue l'objet même de ses poursuites et s'est mis à
s'exalter soi-même ; mais sentant ensuite la vanité
de cette illusion, se retrouvant en sa faiblesse
comme à l'issue d'un paradis perdu, seul en face
de la Nature, le voici saisi d'anxiété et de mélan-

colie, incapable cependant de renoncer à la conquête qu'il sent toujours plus proche.

C'est bien là ce que nous a dit l'histoire de la
Peinture.

Dans la période byzantine, c'est la notion de
la Divinité même qui se développe ; notion toute
nouvelle alors d'un Dieu paternel, incarné dans la
personne de son Fils pour le salut des plus humbles
ou des plus misérables, poussant jusqu'au sacri-
fice l'amour pour sa créature déchue.

Vous avez vu cette notion descendre des hauteurs les plus abstraites du symbole jusqu'à
l'Homme en s'analysant d'abord par l'image de la
Providence, puis par celle des souffrances terrestres du Fils divin et finalement par les châtiments
de la créature ingrate qui préfère le vice aux conditions de sa rédemption. Symbole absolu, allégories de la charité, scènes de la Passion, et peines de l'enfer sont les quatre phases des représentations byzantines. Elles sont comme les quatre
âges de la vie que l'intelligence donne à l'idée
divine après qu'elle lui est révélée ; enfance vague,
jeunesse aimante, maturité militante et vieillesse

sombre. Elle a pris ainsi forme humaine cette idée
et c'est sous cette forme qu'elle va s'analyser dans
la période suivante.

Voici qu'à son tour l'Art des primitifs nous développe ces quatre âges : Histoire complète du
Christ ; glorification des Anges et de la Vierge ;
légende des Saints, et enfin allégories personni-
fiant les vices et les vertus, préparant le retour
aux dieux antiques. La voyez-vous l'idée première
s'abaisser toujours au niveau de l'homme qui la
convoite, et toujours passer par les mêmes transformations comme par les faces d'une même spi-
rale : abstraction, action humaine, d'abord intellectuelle puis sentimentale, et enfin puissance naturelle fatale ?

Suivez-là toujours en sa descente ; voyez le troisième âge de la Peinture : La religion est maintenant toute humaine, terrestre, semi-chrétienne
semi-payenne, simple reflet de nos passions les
plus élevées. Puis voici même qu'elle s'efface
devant les héros ; ce n'est plus Dieu lui-même ;
ce ne sont plus ni ses Anges ni même ses Saints
qu'on nous propose en spectacle ; c'est par l'hom-

me à présent que l'Esprit se révèle ; mais cependant par quelques hommes seulement de nature exceptionnelle. On va les chercher d'abord, comme en un Olympe dans le respect des siècles passés, mais bientôt on arrive de proche en proche jusqu'aux contemporains que l'on se contente de diviniser sous le déguisement des dieux ou des héros antiques. Puis enfin on descend encore de ces hauteurs, à travers l'idylle et l'églogue, dernier souvenir des dieux de la Nature, jusqu'aux moindres émotions de la vie intime, poétisées cependant par quelque image ou quelque conception plus relevée.

Peinture religieuse, peinture mythologique et historique, peinture officielle et de genre, peinture pittoresque ; voilà les quatre étapes de la glorification humaine.

C'est à cette phase que nous succédons en passant du romantisme au naturalisme par le réalisme dédaigneux de tout accessoire poétique.

Voilà pour l'idéation et la composition. Quant à l'éxécution, chaque période, en développant son principe spécial, a découvert et légué à la suivante quelque perfectionnement pratique, point d'appui pour des progrès nouveaux :

Le byzantin, en travaillant le symbolisme, a fondé l'anthropomorphisme qui donnait la vie à l'Art : Les primitifs, créateurs de l'expression, ont trouvé la perspective linéaire ; l'Art classique, rédacteur des règles canoniques, nous a laissé la perspective aérienne, qui achève de donner à la toile toutes les dimensions de l'espace.

Leurs principes sur l'idée ont passé, effacés l'un par l'autre, mais leurs préceptes pratiques nous sont restés et c'est à cet héritage que vous devez la richesse de procédés, la facilité d'exécution qui vous distinguent. C'est grâce à lui que vous avez, à votre tour, développé le principe réaliste, lentement préparé avant vous par les Vénitiens, les Hollandais et les romantiques.

Pouvez-vous à votre tour, à l'exemple de vos ancêtres, fonder sur de nouveaux préceptes un progrès nouveau de pratique ? — Vous voyez bien que non : Votre Art est accompli dans son exécution. Il n'est pas de représentation que vous

ne puissiez lui demander; la forme assouplie est
votre esclave. Tout au plus pouvez-vous ajouter à
la couleur quelques procédés de détails auxquels
s'évertuent vos pointillistes ou autres chercheurs
du même genre.

Tous les Principes aussi sont explorés : révéla-
tion divine, abstraction ou sentiment humain, passions nobles ou communes, ont lassé l'un après
l'autre le goût changeant des siècles, et voici que
le réalisme à son tour vous inflige la mélancolie
des désirs trompés sans que vous puissiez trouver
satisfaction à revenir aux errements passés.

Vous êtes bien au fond de cette analyse sécu-
laire dont nous venons de passer la revue : Tout
est appris, tout est exploré, conquis. Dirons-nous
donc avec quelques critiques que l'Art se meurt,
que l'Art est mort ?

Nullement ! Nous ne voulons pas croire à la fin
de notre civilisation que nous pensons fermement,
au contraire, en enfantement d'une ère splendide.
Nous venons donc vous dire : Votre rôle est différent de celui de vos ancêtres, et loin d'être infé-
rieur il est plus grand encore ; plus difficile, peut-

être, mais plus élevé et plus fécond aussi. Il est inverse du leur. Ils descendaient de l'Absolu à la Nature, vous devez remonter de sa Substance à l'Essence !

Cette lente prise de possession de l'Idée par l'analyse; cette conquête progressive, œuvre admirable de nos aïeux, est entachée, de par la nature même des choses, d'un grave défaut. En divisant la vérité elle oppose entre eux ceux qu'en découvrent chaque fragment et croient la posséder toute entière, et leur antagonisme s'exalte avec leur enthousiasme. Ainsi est née la scission de vos écoles : comme elles vont se multipliant avec les progrès de l'étude, leurs rivalités finissent par créer dans l'Art cette confusion qui fait regretter à plus d'un critique l'abondance de vos richesses.

Votre rôle, celui de notre siècle, en Art, comme en Science, comme en Religion, comme en Sociologie, est d'apporter l'ordre et l'harmonie dans la profusion de ce chaos pour en faire sortir un monde nouveau, d'une Unité splendide.

Laissez donc ces dédains d'écoles exclusives

qu'engendrait la division nécessaire du travail ; le
temps en est passé. C'est à l'Unité, à la synthèse
qu'il faut songer désormais. Laissez aussi toute
exagération des principes ; c'est le fait d'une lutte
qui doit prendre fin maintenant: chacun a du vrai ;
aucun n'est faux qu'en s'isolant des autres jusqu'à faire des défauts de ses qualités ; la vérité
complète n'est que dans l'union harmonieuse des
quatre classes d'écoles que nous vous avons dé-
taillées.

Il est vrai le symbolisme ; il est vrai de par la
grande loi d'analogie qui répète à tous les degrés
de la civilisation un même principe simple autant
que fécond. Sans l'observation du symbole vous
ne ferez rien de complètement juste parce que
vous entremêlerez des éléments d'ordre différents ;
pas plus que vous ne réussirez une mélodie où les
tons les plus divers viendraient se heurter.

Il est vrai le principe de l'Anthropomorphisme,
parce que tout est vivant dans la Nature, parce
que l'Homme en sa triple constitution corporelle,
intellectuelle, sentimentale, rassemble toutes les
formes de la vie consciente, parce que l'Art est un

6

langage essentiellement humain ; parce que c'est par l'Homme que l'Absolu se manifeste sur la terre.

Elles sont vraies les règles de l'Art classique qui veut l'unité de conception et d'exécution dans l'œuvre d'Art, parce que cette œuvre est l'expression formelle d'une idée supérieure :

Il est vrai le principe du réalisme qui se refuse à déguiser la Beauté sous le masque de nos propres illusions, parce que c'est l'universelle pensée qu'elle doit révéler dans la forme, et non l'imperfection de nos désirs.

Mais, seul, le symbole est insuffisant parce qu'il est trop nu pour être artistique.

Seul, l'anthropomorphisme est faux parce que l'Homme n'est pas le Dieu de la création.

Exclusives, les règles classiques deviennent fausses parce qu'elles emprisonnent l'idée sous des formes rigides, comme en un lit de Procuste, prêtes à la mutiler quand elles le dépassent.

Seul, le réalisme est insuffisant parce que l'universelle pensée n'est vraiment libre que dans la manifestation de la conscience humaine, entourée des symboles naturels, unifiée dans une idée générale.

De même au point de vue de la pratique : L'art byzantin n'a guère vu que l'idéation ; l'art primitif que la conception ; l'art classique s'est attaché surtout à la disposition du tableau ; c'est à son exécution que le réalisme s'acharne.

Enfin, en ce qui concerne la mission même du peintre, les âges ont différé de la même manière, se proposant tour à tour et exclusivement : d'élever les âmes, de les émouvoir par l'enthousiasme ou par le sentiment, et finalement de les impressionner seulement par la sensation.

Autant de prétentions que l'Art réprouve quand elles se font intransigeantes. Sa formule complète est de faire naître aussi bien par l'idéation que par la conception, la disposition ou l'exécution une impression qui, par le charme, élève l'enthousiasme et enlève l'âme dans les régions sublimes de l'Absolu.

A vous d'accomplir cette éclatante unité, ou tout au moins de l'entreprendre, car son achèvement n'est pas l'œuvre d'un jour, ni peut-être même d'un siècle.

Mais que vous demande-t-elle d'accomplir immédiatement ?

En ce qui concerne l'exécution quelques mots peuvent suffire à fixer les exigences de la synthèse. Il faudra que l'Artiste s'attache à briser le tempérament qui le caractérise par l'étude persévérante des qualités propres à ceux qui lui manquent, en commençant par les plus rapprochées. Les grands maîtres de toute époque n'ont pas fait autrement. Ce travail se trouve bien facilité par les combinaisons binaires que nous vous avons signalées entre les tempéraments artistiques et qui sont les plus ordinaires dans la réalité. Ainsi il est rare que le tempérament sentimental, par exemple, ne soit pas combiné avec quelqué autre : notre Artiste sera-t-il ainsi un sentimental naturaliste ? il devra s'attacher d'abord à devenir sentimental intellectuel puis sentimental spirituel. Retournant ensuite, pour ainsi dire ces qualités, il se fera naturaliste sentimental, puis

intellectuel sentimental, et mystique sentimental.
Par ce travail il rassemblera autour de son caractère principal qui est son centre naturel, tous
ceux des autres tempéraments et profitera de
leurs ressources sans fausser son propre génie.

Cet entraînement destiné à assouplir complètement son talent devra lui permettre d'exécuter
le tableau tel que l'exige la synthèse, c'est-à-dire
tel que le style principal y tenant la première place
(parce qu'il sera appliqué aux objets essentiels) ;
toutes les parties secondaires conserverent leur
caractère propre combiné à celui-ci. C'est ainsi
que dans une harmonie musicale l'accompagnement
donne un chant différent de la mélodie principale,
mais dans le même ton ou selon ses harmoniques.

Qu'une scène religieuse, par exemple, soit représentée en un paysage ; la perspective en devra
être en hauteur (à cause du caractère religieux);
mais il y faudra observer la teinte propre à l'heure, au climat, à la région, selon les préceptes de
l'impressionisme; il y faudra, sur les premiers plans
observer l'harmonie des couleurs et la vérité des
types qu'enseignent les réalistes ; les fonds n'au-

6.

r ont leurs valeurs que par les règles du clair obscur, d'autant plus nécessaires ici que les lointains
doivent être très fuyants. Et ainsi de tous les autres détails comme ceux de la pose, du groupe-
ment, du dessin.

C'est ainsi que l'unité devra se faire dans la
composition, sans artifices d'école, sans le *sacri-
fice* d'aucune de ses parties.

Les compositions conformes aux préceptes de
chacune des écoles que nous avons reconnues ne
devront plus désormais vous apparaître que comme autant d'études de détail propres à accomplir
l'exécution, à faire obéir la forme à tous les com-
mandements de la pensée.

Vous pouvez voir combien l'étude attentive des
distinctions que nous vous avons signalées sont utiles à la réalisation de cet entraînement où la *volonté* de l'Artiste brise la *Fatalité* de sa constitution, pour se présenter maître absolu de la forme
devant l'unité de l'Esprit.

Le travail de synthèse de l'Idée elle-même demande beaucoup plus de développements :

La marche en est inverse de celle que l'histoire nous a retracée plus haut ; il en faut remonter le cours en sens contraire de celui par lequel nous avons vu l'Esprit descendre des régions de l'Absolu jusqu'au fond de la nature matérielle. Elle doit s'accomplir par les quatre temps principaux que nous avons reconnus, et la *fonction de chaque période future* sera d'accomplir la synthèse des quatre phases qui ont décomposé, dans le passé, la période correspondante.

Il faut donc quatre synthèses partielles pour préparer la synthèse générale de l'Art parfait tel que peut le réaliser la civilisation occidentale. Vous allez en saisir aisément la suite si vous voulez bien vous reporter encore à notre tableau synoptique de l'histoire.

Dans la première période synthétique l'union des quatre genres du naturalisme devra avoir pour but et pour effet de faire resplendir dans l'œuvre d'Art l'*essence de la Nature*, qui est leur esprit commun, l'inspirateur unique de leurs efforts variés.

Cette essence que le présent travail a précisément pour but de vous signaler remplit une certaine région de l'Univers qui elle-même a son essence de second ordre. La deuxième période synthétique découvrira celle-ci et la fera ressortir dans l'œuvre d'Art par l'union des quatre éléments qui ont inspiré l'époque classique : romantisme, sentimentalité, héroïsme de noblesse et religion.

Cette seconde essence qui correspond, dans l'Univers, à *l'âme passionnelle de l'Homme* et est d'ordre analogue, a elle-même son essence propre, car les quatre éléments qui ont présidé à toutes les distinctions de cette étude dérivent les uns des autres dans l'ordre où nous les avons vus se développer à travers les âges. C'est à la troisième période synthétique qu'il appartiendra de faire un pas de plus vers l'unité finale en retrouvant cette troisième essence, inspiratrice mystérieuse des primitifs. Elle apparaîtra dans l'œuvre artistique par la combinaison des quatre éléments de l'Art expressif : l'Allégorie, l'Hagiographie, l'Angélographie et la Christographie. Ces éléments seront alors aperçus dans leur réalité, au lieu d'être interprêtés par la forme humaine, leur représentation sera conforme à l'intellectualité nouvelle. Comme à l'aspect véritable des êtres intermédiaires entre l'Universel et l'Homme, de ceux qui constituent ce que nous nommons aujourd'hui le Monde angélique.

Enfin ce monde, comme chacun des précédents, a encore son essence, celle qui inspirait l'instinct Byzantin. La quatrième période aura à régénérer cette essence par la combinaison synthétique des quatre éléments de l'Art symbolique pour faire resplendir enfin sous la forme convenable à ce cycle tout l'éclat de l'Esprit qui le domine, désormais accessible en sa vérité complète à la conscience humaine.

Vous pensez bien qu'un aussi vaste travail est l'œuvre du temps et le prix de nombreux efforts. C'est, du reste à la philosophie et à la science qu'il incombe bien plutôt qu'à l'Art, mais celui-ci doit toujours être prêt à en suivre et à en traduire les progrès.

En en indiquant la suite entière nous n'avons nullement l'intention de vous en développer les détails, nous essayons seulement d'expliquer plus clairement la seule synthèse que nous ayons en vue, celle de la peinture réaliste qui doit régénérer l'Esprit de la Nature.

Nous allons y revenir tout spécialement.

# CHAPITRE VI

## CONFORMITÉ DES INNOVATIONS MODERNES AVEC L'EVOLUTION FUTURE.

Les novateurs de la peinture moderne se partagent entre deux groupes fort intéressants parce
qu'ils marquent avec la fin du mouvement descendant qui s'achève dans le réalisme, sinon une réascension au moins une aspiration puissante vers
l'idéal perdu depuis l'abandon de l'art classique.

Vous pouvez en voir, en effet, qui se consa-
crent entièrement et franchement au réalisme pur,
à la suite de *Courbet, Manet, Millet, B. Lepage*;
tels sont les *Degas*, les *Raffaelli*, les *Lhermille* et
tous ceux du même genre dont les noms vous sont
familiers. Toute une pléiade d'autres dont le nombre s'accroît chaque année demandent à la peinture la suggestion d'idées plus ou moins abstraites;

nous en dirons tout à l'heure les chefs et les diciples, notons seulement qu'il faut compter dans leurs rangs le grand maître de la peinture moderne, *Puvis de Chavannes*.

Les premiers, entièrement objectifs, à sentiment extériorisé, comptent sur la représentation fidèle, mais laborieusement étudiée, sur l'analyse subtile de la Nature pour en faire apercevoir l'âme et, par elle, nous émouvoir.

Les seconds, à sensibilité psychique, subjectifs, réalisent au contraire la représentation de leur sensation intérieure, qui est comme un écho intime de l'observation externe.

Entre eux se place tout naturellement l'école impressionniste ancienne, point de départ de ceux-ci, née des efforts de ceux-là, pivot sur lequel s'effectue ce mouvement de conversion de l'extérieur à l'intérieur des sentiments, par lequel on passera sans doute de la matérialité à la substance des choses.

Notez bien, nous vous en prions, le caractère de cette singulière évolution qui, sous l'apparence de subtilités que la critique veut trop aisément

croire maladives, cache de hautes tendances servies par des efforts très remarquables.

Tous s'inspirent évidemment d'une conception
fort juste de l'Art; leur désir constant, leur prétention commune est de faire ressortir la pensée
sous la forme. Seulement, à la différence de leurs
prédécesseurs, au lieu de choisir une idée pour lui
donner sa plus belle forme, ils recherchent, au contraire, des formes, le plus souvent même parmi les
plus vulgaires, pour faire ressortir l'Idée que la
Nature y a attachée. C'est ce que nous avons ex-
primé déjà plus haut en disant qu'à la Peinture qui
donnait la Forme de l'Idée notre temps veut substituer celle qui donne l'Idée de la Forme.

C'est ainsi qu'il prétend réaliser le grand Art,
l'Art qui élève et fortifie, au lieu de l'Art simple-
ment décoratif pour lequel nos modernes se montrent fort dédaigneux. Les résultats ont, jusqu'ici,
répondu si imparfaitement à cette prétention qu'on
est en droit de se demander si elle est fondée, s'il
est permis d'espérer que les hardiesses des impressionniste soient en progrès sur la fine analyse
des réalistes purs, ou sinon ce qui manque aux uns

**7**

et aux autres pour rendre à l'Art tout l'éclat des siècles passés.

Nous ne pouvons répondre à cette difficile question sans remonter une fois encore jusqu'aux principes, et à quelques-uns de leurs développements que nous n'avons fait qu'indiquer précédemment.

Le pouvoir de l'Art, et particulièrement celui de la Peinture dépend de trois facteurs distincts.

Le premier est la nature intrinsèque de cette Puissance invisible, essentielle, dont l'apparence à travers la Forme produit le Beau ;

Le second est dans l'Autorité de cette même Puissance, sur l'esprit du Peintre ou sur celui du public ;

Le troisième est dans la force d'éxécution de l'Artiste.

Vous conviendrez bien, en effet, que l'idée essentielle du tableau lui prêtera sa grandeur, qu'elle le rendra d'autant plus émouvant qu'elle sera plus universelle, plus puissante elle-même dans l'ordre des Puissances universelles. Vous connaissez les quatre ordres de ces puissances essentielles et vous vous rappelez quels sujets leur correspondent :

La plus abstraite, la plus étendue de toutes, *celle divine*, qui inspire les sujets religieux ;

La *Volonté humaine*, qui en fournit de deux sortes selon qu'elle se règle sur l'intelligence ou le sentiment, savoir : dans le premier cas les sujets dramatiques et le portrait, comme expression d'un caractère ; dans le second cas, la peinture de genre, l'idylle, le portrait de famille ;

Et enfin la *Nature*, Puissance passive, toute de fatalité, qui inspire le paysage, la représentation des formes humaines en tant que formes, des animaux et des natures mortes.

Il semble que nous soyions autorisés à nous prononcer sur la valeur de l'œuvre d'Art d'après la hiérarchie de ces trois essences et à déclarer par conséquent que la grande Peinture ne peut se rencontrer que dans les premiers genres de sujets : le tragique et le religieux. C'est en effet l'opinion d'un grand nombre de classiques ; c'est aussi celle de critiques au contraire fort indépendants comme le créateur si ingénieux et si remarquable

du Salon de la Rose-Croix : le Sar Peladan. C'est
cependant une décision précipitée ; il y manque la
considération du second de nos trois facteurs, l'autorité de l'idée essentielle sur les esprits.

Si, en effet, on se trouve chez un peuple, en un
temps où l'idée divine est moins compromise, moins
assentie que la Fatalité de la Nature, l'ordre hiérarchique des Puissances se trouvera troublé par
ce défaut ; la peinture religieuse sera paralysée,
malgré son rang normal, et l'Art n'obtiendra son
effet éducatif sur l'esprit public qu'en lui révélant
l'esprit de la Nature au lieu de l'esprit absolu.

Or c'est précisément ce qui arrive de notre
temps.

Peut-être la Peinture religieuse pourrait-elle y
reconquérir son pouvoir si elle trouvait pour champ
de ses inspirations quelque âme d'artiste assez puissante pour en faire jaillir l'esprit suprême par une
forme agréable cependant à ses contemporains,
et plusieurs maîtres ont, en effet, tenté de nos
jours cet effort désespéré ; mais il ne réussirait jamais qu'à produire une sorte de résurrection forcée
dont l'influence resterait nécessairement passagère,

emportée bientôt par le flot irrésistible de l'évolution. Les lois universelles sont inéluctables ; or nous avons dit comment elles asignent à chaque cycle son esprit particulier ; c'est celui-là qu'il faut montrer d'abord.

Vous savez parfaitement encore quels sont les trois degrés de cette influence de l'idée sur les esprits : la Foi, le Doute, et la Science, et vous avez vu par l'histoire comme ils se sont suivis pour modifier l'Art.

On ne pourra donc apprécier l'œuvre de la Peinture qu'en combinant les considérations de cet ordre avec la valeur intrinsèque de la Puissance évoquée. Il y faudra joindre encore l'appréciation des capacités d'exécution du Peintre ; elles varient sans doute avec le siècle ou selon la nation dont elles caractérisent les productions et l'enseignement, mais comme elles sont personnelles la volonté ou le génie de l'artiste peuvent toujours en triompher et doivent y tendre. Aussi trouvons-nous tous les genres d'écoles en tous temps et en tous pays : L'Italie a ses naturalistes dans l'école vénitienne, tandis qu'un *Rubens*, un *Van-Dyck*, un *Rembrandt*,

savent spiritualiser le réalisme flamand. C'est par
là que le Peintre peut se rendre maître de son Art
et de son temps.

Si nous appliquons ces préceptes à notre époque et aux productions de l'Art moderne, nous
verrons que la grande Peinture ne peut plus être
demandée ni à la pensée religieuse telle que l'ont
conçue nos aïeux, ni à la pensée héroïque qui
contrarie nos sentiments démocratiques actuels.

C'est ce qui justifie le mouvement naturaliste,
car la peinture dramatique, si douce aux sentiments
personnels et intimes, n'a pas en elle-même l'u-
niversalité nécessaire à la grande peinture ; les
enflures du romantisme ont en vain tenté de l'élever au-dessus de sa taille, le goût public en a fait
rapidement justice. La Nature seule pouvait
encore fournir une pensée d'ampleur suffisante.
N'avait-elle pas inspiré déjà l'Art grec qui nous
étonne encore ? Nous sommes donc tombés dans
le naturalisme.

Mais voici maintenant une difficulté nouvelle :
L'idée essentielle de la Nature c'est la Fatalité qui
se traduit par l'inflexibilité de ses lois ; c'est

d'elle qu'elle obtient sa Beauté propre ; elle l'impose donc à ses adorateurs. Or l'expression de la fatalité dans la Nature c'est le paganisme, et nous ne sommes plus païens, et quoiqu'on fasse, nous ne pouvons plus, nous ne voulons plus l'être; l'idée bien plus encore que la forme de l'Art s'oppose énergiquement à de pareils retours au passé. Le génie ionien d'un Eschyle a pu ravir l'âme de ses contemporains en la courbant devant l'implacable volonté de leurs Dieux parce qu'ils avaient foi dans leur domination inflexible, mais quand un *Millet*, quand un *Raffaelli* nous retrace, avec la vérité que vous savez, les souffrances des misérables ou des égarés, ce n'est pas la majesté du destin qui nous frappe, c'est sa cruauté contre la volonté humaine dont les espérances sont maintenant si hautes. La révolte ou le doute nous envahissent !

De là cette mélancolie de la peinture purement réaliste et son impuissance à jouer le rôle de grande Peinture. Le paysagiste n'est pas plus plus heureux, car plus il excelle à nous rendre l'harmonieuse innocence la vie végétale, plus il réveille l'amertume de l'existence animique et avec elle l'angoisse de nos doutes, le vide de nos cieux !

Pour échapper à la souffrance de cette ambiguïté où nous laissent ces positivistes de la Peinture, les autres artistes se réfugient vers l'un ou l'autre pôle de l'Absolu. Quelques-uns franchement matérialistes se contentent de la forme, et par conséquent, s'adonnent principalement à la couleur qui en est la région la plus concrète. D'autres, et ce sont les plus nombreux, car on est bien vite lassé de l'impuissance de la matière, remontent vers l'imagination passive pour se réfugier au moins dans les régions de l'idée. Ce sont les premiers impressionistes.

Sous la couleur, sous la teinte générale d'une scène, ils ont trouvé une émotion particulière ; ils la reproduiront par la peinture de cette teinte, de cette couleur, sans grand souci du reste de la forme qui n'en est que le support négligeable. La sensation s'élève déjà, avec eux, au niveau d'une pensée.

Vous ne vous étonnerez pas qu'engagés dans

cette voie les artistes s'y soient bientôt enhardis avéc l'espoir de retrouver l'élan vers les régions de la Puissance supérieure. Voilà l'origine de cette école dernière venue, fort active déjà, des idéalistes. Nous vous demandons d'insister un peu sur son compte parcequ'elle accuse tout particulièrement les tendances modernes.

Ces idéalistes se partagent eux-mêmes en quatre écoles secondaires (1) : *Chromo-luminaristes, Néo-impressionistes, synthétistes* et *mystiques.* Il est fort intéressant d'entendre comment elles se définissent.

Le néo-impressioniste, pour commencer par celui qui se rattache le plus immédiatement à l'école mère, prend pour thème une observation que conque plus ou moins vulgaire, puis, la sensation recueillie, « il la sublime pour en éliminer non « seulement les détails accessoires, mais tout ce « qui choquait sa subjectivité en quelque manière « que ce fût. Il ne reste qu'une quintescence. »

1. Voir « le *Mouvement idéaliste en Peinture* », par Mellerio.

1.

Il espère ainsi, sous la forme réduite à un simple
schéma de l'Idée, faire apparaître tantôt « la con-
« ception magnifiée du monde extérieur, l'exquis du
« rêve », tantôt l'indignation morale qui stigmatise
le vice en le mettant à nu, tantôt le cachet comique
ou touchant de l'être observé, ou bien enfin sim-
plement le charme de la forme caractéristique.
Citons comme partisans de ce genre : *Schuffenecker, Toulouse-Lautrec, Ibels, Anquetin.*

Les *chromo-luminaristes* ne forment guères
qu'une fraction de ce groupe. Ils n'ajoutent à ses
principes que quelque procédé spécial emprunté
aux théories scientifiques de l'optique, comme le
tachisme, le pointillisme, etc... Ce sont les réali-
sateurs du Néo-impressionisme. Tels sont *Luce,
Angrand, Signac, Pissaro.*

Le *synthéliste* fait un pas de plus en avant, et
un pas important ; nous empruntons à l'un d'eux
ses propres expressions : Le spectacle de la
nature suscitant les sensations — la mémoire, qui les
« rappelle — l'imagination, qui les crée par com-
« binaisons, — nous mettent dans un état *d'âme*
« *involontaire.* Puis *l'Idée* se forme dans l'esprit,

« supérieure aux limbes génératrices, par la logique
« et son harmonie ; elle *apparaît* à l'artiste. Il
« s'efforce de *l'exprimer* dans son intégrale inten-
« sité, résultat qu'il obtiendra d'autant mieux que,
« négligeant les détails, il ne retiendra que les
« *seules caractéristiques*. Alors l'Artiste place ainsi
« le spectateur dans *l'état d'âme où lui-même s'est*
*trouvé*... ce qui est le but de l'Art ».

Ainsi s'exprime *Paul Sérusier : Vuillard, Bon-*
*nard, Roussel, Ranson, Vallotonel* se comptent
dans cette même école. On y prend encore les
noms expressifs de *néo-traditionnistes*, et de
*déformateurs*. Cette dernière dénomination s'explique particulièrement en songeant à l'école
anglaise des *esthètes*, analogue à celle-ci, représentée spécialement par *Burne Jones*.

L'esthète, vous le savez, compte, pour rendre
son *état d'âme*, sur une déformation du dessin qu'il
prétend symbolique et qu'il emprunte spécialement
aux primitifs de toutes les nations : Européens,
Indiens, ou Japonais.

Avec lui nous nous rapprochons de la quatrième école d'idéalistes distinguée par une parti-

cularité remarquable ; c'est que « l'état d'âme » où
se met l'Artiste n'est plus demandé exclusivement
à l'observation de la nature extérieure ; l'artiste le
prend plutôt en son propre fonds ; il la demande à
ses aspirations, à ses rêves. Ainsi font les *mystiques*
qui sont, en fait, des synthétistes ou des esthètes
à tendances religieuses. Voici comment l'un d'eux,
*Maurice Denis*, se définit lui-même.

« L'Art est la sanctification de la nature, de cette
« nature de tout le monde qui se contente de vivre !
« Le grand art, qu'on appelle décoratif, des In-
« dous, des Assyriens, des Égyptiens, des Grecs,
« l'Art du moyen-âge et de la Renaissance, et les
« œuvres décidément supérieures de l'Art mo-
« derne ; qu'est-ce ? sinon le *travestissement des*
« *sensations vulgaires* — des objets naturels — en
« *icones sacrées, hermétiques, imposantes.* »

Ajoutons à son nom ceux de *Bernard*, de *Filiger*,
de *La Rochefoucauld*.

Vous avez déjà reconnu dans ces distinctions,
qui ne sont pas de nous, les quatre ordres d'artistes signalés tant de fois dans cette étude ; il n'est

pas inutile d'insister sur cette remarque parce qu'en se distinguant d'eux-mêmes ainsi ils nous fournis- la preuve qu'ils pénètrent tous les genres de pein- ture, qu'ils peuvent, par conséquent, les modifier tous par le travail.

Vous remarquez encore comment ces quatre ty- pes subdivisent l'école néo-impressionniste ; vous allez les retrouver aussi nettement dans les noms des quatre maîtres de qui les idéalistes se recom- mandent :

*Puvis de Chavannes, Gaugain, Moreau et Odi- lon Redon.*

Disons un mot de chacun d'eux pour achever de nous éclairer sur ce mouvement de la peinture moderne. Voici comment ils sont jugés par divers critiques autorisés.

Moreau, élève d'Ingres et de Delacroix, une fois armé par ces deux maîtres voulut régénérer la peinture par un style mixte emprunté aux pri- mitifs d'écoles diverses comme celles de ses pro- pres maîtres : le Vénitien Mantegnac ; les Flo-

rentins, Botticelli et Ignorelli, et Lorenzo Costa,
le Ferrarais.

Il est curieux d'entendre sur ce novateur un
critique étonné en face du tableau d'Orphée, alors
nouveau (en 1867) :

« C'est, dit-il, une peinture énigmatique,
« même pour ses admirateurs les plus fervents...
« La répugnance de l'artiste à se conformer aux
« types traditionnels de l'antiquité n'a rien que de
« fort naturel ; maintenant que l'art n'est plus
« une sorte d'écriture destinée à rendre sensible
« un dogme plus ou moins abstrait aux yeux des
« masses ignorantes, l'asservissement à un type
« immuable est funeste ; témoin l'école de David.
« Mais c'est là précisément l'écueil de M. Mo-
« reau ; la Nature ne peut lui apparaître que par
« ricochet, voilée par une première interprétation,
« celle des Florentins du xvᵉ siècle dont il se
« rapproche.

De son côté, Charles Blanc nous signale la
peinture de Moreau comme « l'œuvre d'un vision-
« naire, toute imprégnée d'un idéal transcendant
« qui touche par moments au sublime. Il prétend

« concilier le sentiment du plus grand art *avec les*
« *joailleries* d'une peinture semée de perles, bril-
« lantée de saphirs et de rubis, de topazes et
« d'émeraudes. On n'a pas toute l'admiration qu'il
« faudrait pour lui. Il raconte en philosophe et
« en penseur des rêves qui sont intraduisibles par
« la peinture. Son pinceau, paraît-il, n'est qu'un
« outil d'orfèvre. ».

Nous lisons encore ailleurs : « Ce n'est plus la
« réalité, même purifiée et surélevée que nous
« représente Gustave Moreau, il en a fait abs-
« traction quasi-totale. La nature ne lui a prêté que
« l'éclat de ses coquillages et des ses plantes, de
« ses oiseaux, de ses minéraux. L'artiste s'en-
« ferme pour évoquer comme en un songe de
« hatschich, les antiquités lointaines mêlées à d'o-
« rientales visions. Le hiératisme des poses se
« détache sur la coloration compliquée des fonds.
« Une rutilance de tons se joue dans ces subti-
« les compositions. »

Au total, un rêve tourmenté traduit par la
palette à la fois des plus riches, des plus vigoureuses et des plus sombres en son éclat, avec le

dédain de la forme vivante et du mouvement.
Avec G. *Moreau* nous sommes dans un monde
tout imaginaire, féerique, où la pensée se traduit
en couleurs ; quelque chose comme cette entrée
du purgatoire que nous décrit le Dante, où les
âmes divaguent angoissées, en une sombre pénom-
bre impénétrable encore à la lumière céleste.

Avec *Puvis de Chavannes*, le voyage s'est
poursuivi dans ce pays des ombres, Virgile nous
a rapprochés des régions Elyséennes où la lumière
triomphe tellement de la couleur qu'elle l'efface
presque et ou l'obscurité ne subsiste plus qu'à
l'état de brume légère. C'est la suite du rêve
à travers lequel nous promènent quelques guides
intermédiaires que vous connaissez parfaitement :
*Besnard*, *Henri Martin*, et autres. C'est toujours le
rêve ; il s'éclaire, il s'épure mais il reste toujours
dans les limbes ; nous sommes loin encore des
régions de l'esprit.

*Puvis de Chavannes* à ses débuts est jugé comme
un classique ; quand ses premiers chefs-d'œuvre
*Concordia*, *Bellum*, le *Travail*, le *Repos*, se

rassemblent à l'exposition de 1867 on le félicite
de rendre hommage à la grande Peinture « de la
« faire revivre par des sujets abstraits et synthéti-
« tiques, par un amour vrai du Beau, choisissant
« les formes les plus nobles. » On signale, sans
doute, « des alternatives assez étranges de bien
« et de mal ; plus d'un vide, plus d'une lacune
« répréhensible, mais en somme c'est le bien qui
l'emporte de beaucoup, et le maître est « of-
« fert comme modèle aux jeunes gens qui entrent
« dans la voie sérieuse,... portant la vue sur l'anti-
« quité et la renaissance italienne. »

Le novateur n'apparaissait pas encore ; on était
loin alors du « *Pauvre pécheur, du doux pays*, du
*bois Sacré*, etc. Il fallut plus dix ans pour que le
caractère véritable du maître se fit jour. On nous dit
alors, à propos des peintures du panthéon : « M.
Puvis profère un dédain suprême pour la matérialité des êtres et des choses ... Son ambition est
« d'exprimer l'insaisissable, la poésie, le rêve ; en
« un mot l'idéal ».

« Les dessinateurs vous disent qu'il ignore le
« le dessin... Sans doute le *morceau* présente des

« lacunes et souvent des imperfections criantes ;
«mais que nous importe, puis qu'elles sont voulues ;
« il pense que l'œil ne doit pas être attiré par les
« mérites d'une exécution trop localisée.

« Les peintres nous diront qu'il ne sait pas pein-
« dre ; si l'art de peintre consiste à rendre fidèle-
« ment les colorations des objets, M. de Chavan-
« nes n'y entend rien, mais la peinture peut et
« doit atteindre un objet plus élevé ; le décorateur
« du Panthéon peint comme il dessine : peu lui
« importe la note isolée, le ton local ; il ne se
« préoccupe que de la symphomie, de la tonalité
« d'ensemble ; il est harmöniste du premier or-
« dre.... Ses compositions sont toujours emprun-
« tées à la fable à l'allégorie, aux sujets mystiques
«pourquoi lui demanderait-on d'apporter les réa-
« lités de l'ordre physique dans l'interprétation de
« légendes qui s'adressent exclusivement à l'esprit
« ou à l'âme ?... Laissons chanter ce poète, son
« royaume n'est pas de ce monde.

A propos du *bois sacré*, ou nous dit : « Tout cet
« ensemble est charmant et fait l'effet d'un rêve
« enchanteur, mais il faut bien se garder d'en ana-

« lyser les détails, car alors le rêve s'évanouirait de
« lui-même et l'on se croirait en face d'une pein-
« ture d'écolier plutôt que d'un tableau de maître :
« le dessin n'a nulle part une précision suffisante
« et la couleur est partout terme et monotome,
« mais on ne peut denier à M. P. de Chavannes la
« première qualité d'un peintre puisqu'il sait faire
« un tableau qui impressionne profondement et
« auquel on revient toujours avec plaisir. »

Enfin voici à propos de l'apothéose de Victor
Hugo.

« M. Puvis tout en peignant d'une manière inac-
« coutumée et réduite à son minimun de phraséo-
« logie conserve en soi le souci et la mémoire des
« fresques païennes, même quelquefois leurs li-
« gnes et leur inexpérience. Adaptés à la décora-
« tion ces pastiches cherchés ont une raison, ils
« ont moins de motif à se reproduire aux petites
« scènes.. Luc Signorelli avait excuse de jeter dans
« le ciel des anges sans corps par ceque son esthé-
« tique était naïve et qu'il estimait rendre ainsi le
« pur esprit des séraphins. Aujourd'hui, serait-ce
« en vérité que nos génies symboliques se puis-

« sent targuer de pareilles qualités ? — De même
. « M. Burne Jones vit tout entier par le sous-en-
« tendu des intentions et ce qu'on imagine retrou-
« ver de symbolisme littéraire par dessous la pein-
« ture... S'ensuit-il que la fantaisie du genre méri-
« te une damnation ? Il s'en faut de beaucoup ; l'im-
« pression d'art qui s'en produit est, au regard
« des peintres, de tout premier ordre. »

Nous voici donc avec Puvis de Chavannes, en
face du rêve calme, serein, mais qui ne sait quelle
forme revêtir, à qui la couleur échappe aussi bien que
le dessin, qui ne trouve à s'exprimer qu'en imitant
comme il le peut les procédés embarrassés d'une
foi naïve et candide impossible aux siècles des âges
avancés. Cet effort les synthétistes et les esthètes
l'exagèrent encore : mélange singulier de poésie
sublime et de faux attirail qui nous heurte et nous
charme tout à la fois, image fidèle des anxiétés de
notre temps qui ne sait comment emporter vers
les sphères supérieures auxquelles il aspire la matière qu'il aime mais qui l'allourdit.

Rien n'est plus naturel que cette singulière an-
tinomie, car la réascension que nous avons signalée

comme la nécessité de l'avenir, n'a point pour but
de nous faire échapper comme des fugitifs à cette
admirable nature physique si magistralement explo-
rée par notre intelligence. Non, nous devons l'é-
lever avec nous cette matière, il faut la spiritualiser en nous spiritualisant nous-mêmes : telle est la
fin véritable du progrès.

. Ce n'est donc pas en renonçant à la conquête,
si longuement et si triomphalement accomplie, de
la couleur et du dessin que le peintre nous relèvera
dans les régions de l'idéal ; elles ne sont pas bru-
meuses. Il devra nous les rendre dans la splendeur
réelle de leur éclat et de leurs formes, car partout
l'Harmonie est complète entre tous les éléments
de la création.

Mais notre réascension n'e n est encore qu'à ses
débuts, aussi retrouvons-nous, en toutes nos écoles modernes cette lutte d'Abraham avec l'Ange,
cette angoisse de l'Idée qui ne] sait comment rele-
ver la Forme.

Avec *Gaugain* le rêve fait des efforts d'un autre
genre ; il aspire justement à préciser la pensée en

une forme bien moins sacrifiée, moins tourmentée, ou du moins, autrement modifiée.

Gaugain est l'élève des maîtres du Louvre, d'abord et après eux des chefs de l'impressionisme : *Dègas*, *Cézanne* et *Manet*. Artiste également habile à sculpter le bois et à modeler la céramique ou à manier le pinceau, il fut le premier à accomplir le travail psychique des néo-impressionnistes, ses disciples, que nous avons décrit déjà : « Afficher le « sens intime, découvrir le caractère spécial des « aspects de la nature, ou des formes humaines. »

Il demande aux choses leurs suggestions, mais au lieu de les reproduire avec fidélité, il pense que le rêve de l'artiste doit intervenir, « dominer la créa- « tion, et pour y réussir il veut que le métier, docile- « ment, obéissant à l'esprit, abrège ou accentue ; « *retrace la réalité transformée* par *le cerveau* plu- « tôt que le spectacle des yeux. » Il veut « traduire « l'équivalence psychique des apparences. De « ce qu'il voit il dégage le symbole et son parti « pris de généralisation se poursuit jusque dans la « pratique au point de faire paraître certain ta-

« bleau le fragment isolé d'un vaste ensemble. »

« Ce qui le distingue, c'est l'obéissance au « *génie intérieur*, l'emploi des moyens les plus « simples, l'aboutissement à un art curieux, sug- « gestif au suprême. »

« Porté par sa méditation d'ordre général, uni- « versel, vers la synthèse, Gaugain a nécessaire- « ment banni l'écriture de détail, et de même, « son désir d'intellectualité devait l'amener, pour « assurer la prédominance plus autoritaire de l'idée, « aux caractérisations violentes, ultra expressives. « De là l'absence fréquente des ombres, la fan- « fare des couleurs, l'usage des teintes plates, les « déformations du dessin, toutes les simplifica- « tions jugées d'abord étranges, encore qu'elles « trouvent une raison d'être ornementale dans « l'unité de l'enveloppe, l'harmonie des gammes et « la qualité de l'arabesque. »

C'est, vous le voyez, du réalisme quintessencié, presque mystique, à la recherche de l'*Au-de-là* comme on l'a fort bien dit. C'est l'expression d'une suggestion des choses qui reflète surtout l'âme de l'observateur lui-même, alors qu'il se croit synthé-

tiste. Voyez en effet comment le caractère de la
personnalité ressort en cette école : « Nature à
« part, nous dit Paul Adam, que celle que nous
« représente M. *Gaugain* ; nature maléfique et
« qui pourtant attache avec l'étrange attirance des
« choses redoutées. Il suggère les influences mau-
« vaises des paysages, l'égoïste tristesse des végé-
« taux, leur vie indevinable. — Au contraire
« les « évocations » de *Schuffenecker* sont gra-
« cieuses, raffinées, harmonieuses sereines ; »
celles de *Toulouse — Lautrec* sont « d'une élégance
« raffinée, poursuivie jusque dans les milieux les
« plus interlopes ; celles d'*Ibels* « sont pleines de
« verve, de vigueur, amusantes. » Et ainsi de
chaque autre.

Cette abstraction élémentaire de l'impression
achève de s'accentuer chez l'artiste de qui les
mystiques se réclament plus particulièrement :
*Odilon Redon.*

« Cet artiste, à ses débuts, nous dit M. Melle-
« rio, s'intitulait peintre *symphoniste*. Il entendait
« par là que le but qu'il poursuivait était, en un

« sens, le même que celui de la musique. Par des
« œuvres suffisamment dénuées de détails et de parti-
« cularités s'empreindre de généralité, non plus sus-
« citer une impression déterminée et strictement li-
« mitée, mais éveiller ce monde de sensations et de
« pensées qui dorment confusément en nous. A un
« tel art peut s'appliquer justement ce vocable dont
« on a tant mésuré : Art suggestif. En une formule
« toute personnelle et bien adéquate à l'inspira-
« tion, n'usant pour ainsi dire uniquement que du
« blanc et du noir, l'artiste, par des assemblages de
« lignes et des jeux de lumière, est parvenu à ex-
« primer l'Intellectuel. »

« Restitution directe, par des moyens plastiques,
« de purs concepts, voilà le caractère de sa pein-
« ture. » Vous voyez ici le mysticisme se réduire
peu près à la ligne. En outre, remarque, importante, les visions qu'il puise en cette contemplation
de la matière se traduisent par des formes d'organismes primitifs, d'êtres élémentaires.

« Il part des époques primaires pour aboutir au
« mysticisme suprême ; de l'épopée darwinienne
« au martyrologue chrétien. Dans le protosplasme

8

« des bacilles étranges jaillissent des cellules ac-
« centuées, bizarres, inconnues. Puis des silhouet-
« tes commencent à se préciser vaguement. On di-
« rait une forme, une expression donnée à l'effort
« douloureux et inconscient de la matière vers l'être
« organisé. Mais voici que dans l'œuvre passent
« des figures de perversité, de ruse, d'intellectualité
« compliquée, où miroitent d'innombrables nuances
« psychologiques. L'artiste a dégagé le concept es-
« sentiel des vices, des vertus et des couleurs qui
« l'entourent. Puis brusquement il s'élève du
« monde réel, au-dessus du contingent journalier.
« Dans des faces extasiées éclatent des lueurs d'un
« rêve divin, les faces de martyrs pour qui le bû-
« cher devient des roses. »

Enfin, comme chez la plupart de ces artistes
naturalistes, la note mélancolique, l'angoisse domine toute l'œuvre. « Ce qui, chez Redon, for-
« me comme la base continue de tout : ignorance,
« bestialité, perversité, sublimité, — c'est la souf-
« france ! »

Vous venez d'assister au mouvement qui précipite

les peintres vers la recherche d'un *au-delà* de la matière, vers cette Puissance de la Nature que nous avons dite particulièrement accessible aujour-d'hui comme esprit de la Beauté. Il est d'autant plus intéressant de résumer les étapes de cette course remarquable que, vous les pourrez retrouver identique en littérature avec les Parnassiens, les Naturalistes, les Décadents et les Symbolistes; au théâtre avec l'Ibsénisme et le symbolisme encore; chez les savants même et peut-être principalement, soit avec les théories si fécondes de l'Unité de la Force et de l'Evolution, soit par la découverte si extraordinaire et si étendue du monde élémentaire des microbes, soit enfin par ces étonnantes observations de l'hypnose et de tous les phénomènes qui s'y révèlent, auxquels s'ajoutent encore la traversée de toute matière par les rayons lumineux :

Partout autour de vous vous pouvez voir l'étude analytique, l'observation scrupuleuse de la matière, aboutir, à la stupéfaction de ceux qui ne voulaient croire qu'en elle, à tout un ensemble de merveilles aussi puissantes que subtiles, à tout un monde élémentaire, généralement insoupconné, tout un *au-delà* que l'on commence à pressentir avec plus d'assurance et comme malgré soi, car on n'y voulait plus croire.

Vous venez de voir la Peinture suivre la même voie. Du positivisme réaliste qui n'admettait plus que la fidèle représentation de la forme et qui, par conséquent, se faisait de plus en coloriste, l'Art en est venu d'abord à trouver, dans les harmonies éclatantes ou fondues de la couleur un idéal, ou pour mieux dire, une sorte de rêve voluptueux que les harmonistes de l'école de G. Moreau nous récitent.

L'impressionisme a relevé déjà cetre sensation au niveau d'une émotion morale;

Le néoimpressionisme y trouve un peu plus encore : l'influence directe des choses ; ce que nous appelons aujourd'hui un *état d'âme.*

De là au mysticisme pur il n'y avait qu'un pas: il est franchi déjà, du moins d'intention et par quelques efforts remarquables dont nous reparlerons tout à l'heure.

Puvis de Chavannes se trouve comme au milieu de cette série de spiritualisation, là où le rêve subjectif et suggestif, par lequel elle se manifeste, conserve encore quelque chose des formes positives, se maintient à des régions moins inaccessibles que le mysticisme troublant de nos novateurs. Avoir été des premiers sinon le premier de tous à réaliser cette réascension, être toujours resté cependant, comme un témoin invariable de la base solide d'où elle s'est élancée, c'est une des causes légitimes de la gloire dont jouit ce grand Artiste. Accessible encore aux anciens, tout en les appelant vers les spiritualités futures, il plaît aussi aux plus nouveaux parce qu'ils trouvent en lui la justification de leurs hardiesses, et comme une régularisation de leurs tendances.

A la question posée en tête de ce chapitre, nous sommes donc en droit de répondre : Oui l'Art moderne est en progrès certain, en marche normale ; il est dans le sens que tout indique comme l'évolution de l'avenir.

Mais a-t-il retrouvé la grande Peinture? Ou sinon que lui manque-t-il pour la reconquérir ?

Voilà ce qui nous reste à examiner pour achever la solution de notre problème principal.

8₁

# CHAPITRE VII.

## EXPLOREZ L'INVISIBLE.

En assistant à cette sublimation de la Peinture qui arrive à donner, par le dessin, quelque précision au rêve dans les mirages de la couleur, vous avez pu voir la forme, si respectée au début, perdre d'abord ses contours, se diffuser, s'évaporer, puis s'altérer, comme torturée par un effort suprême qui tente ou de l'assouplir ou de la réduire à la moindre expression. L'Art moderne veut ainsi rendre plus transparent le voile qui cache l'essence des choses ; il croit y parvenir en imitant presque servilement la gaucherie involontaire des ancêtres ; il espère, avec elle, retrouver leur candeur dont il se sent incapable. C'est pourquoi vous le voyez remonter toujours plus loin vers les premiers essais : D'abord à l'Art classique et savant des Grecs qu'évoque Puvis et son école; puis au style plus

simple des primitifs et des gothiques spécialement
cher aux synthétistes ; il arrive ensuite aux formes
maladroites figées depuis longtemps dans l'immo-
bilité orientale ; il copie l'Inde, le Japon, la Chine
et jusqu'à ces essais rudimentaires du sauvage
que Gaugain s'en va fouiller au fond de l'Océanie.

Singulier mensonge d'un âge qui aspire à échapper aux doutes et aux remords de la maturité en
s'affublant des robes de l'enfance ! Comme si d'ailleurs, la Beauté d'un Art plastique pouvait consis-
ter dans la discordance des proportions, dans
l'exagération des formes et surtout dans leur sup-
pression. Cette erreur, si nuisible auprès du public à un mouvement pourtant fort légitime est
blâmée par ceux-mêmes qui l'encouragent le plus.
M. Mellerio que nous nous plaisons à citer en cette matière comme un des plus récents défenseurs
de l'idéalisme dit encore : « Deux écueils princi-
« palement nous paraissent à éviter : Le premier c'est
« l'incurie trop grande du métier, le sans-gêne vis-
« à-vis des technies nécessaires. Certaines lois
« primordiales de dessin et couleur, essentielles à
« l'art plastique, ne peuvent être abolies sous pré-

« texte de rendre uniquement l'idée, de n'entra-
« ver en rien l'inspiration... L'autre écueil, en sens
« contraire, c'est l'abus de la science : Soit sous
« forme de théories dirigeantes. Soit par l'exclu-
« sive imitation d'œuvres anciennes tournant au
« modèle au lieu de servir d'enseignement... Le
« vain ressuscitement, l'illusoire galvanisme de
« formules grandes à leur époque, mais ayant fait
« définitivement leur temps ! »

Il y a néanmoins des tendances fort justes en ce
double défaut. Par ce dernier, l'art moderne rend
hommage à la science admirable que la pratique
doit au travail des siècles. Il ne doit pas oublier
en effet qu'il est né réellement dans l'atelier de
David. C'est là que ce sont formés les premiers
maîtres de toutes nos écoles : Girodet, Gros, Gé-
rard, Léopold Robert, Ingres, et par eux : Géricault,
Scheffert, Delacroix, Roqueplan, Drolling, à qui
nous devons notamment Baudry, Henner, Breton
et d'autres encore. Cette forte école, inflexible sur
le point de départ, acceptait toutes les dispositions
et leur laissait pleine liberté de conduire aux buts
les plus opposés. Elle nous fournit la preuve que

la synthèse de tous les genres d'exécution peut
être réalisée, comme nous l'avons recommandée
plus haut, comme un des problèmes de notre temps,
et qu'elle est assez souple pour répondre à tous
les besoins de l'Art.

Elle ne ressemble nullement, cette synthèse de
la forme, à ce snobisme des déformations archaïques
qui consiste à supprimer la matière faute de savoir
la spiritualiser, à confondre la *simplicité* rudimentaire avec l'harmonieuse *unité* des éléments les
plus divers.

Rien n'est plus remarquable cependant que ce
retour général de nos novateurs vers l'*élément*
sous toutes ses formes : milieu *élémentaire* où la
lumière se diffuse en brouillard ; — Idée élémentaire
qui ne voit l'esprit que dans les individualités, et
surtout dans les moindres, les plus vulgaires, les
plus dégradées, les plus antiques ou les plus bar-
bares ; — Formes élémentaires les plus éloignées de
cette harmonie des proportions qui naît du raffine-
ment des âges ; — Formes où l'idée se traduit par
le fantastique ; images de désirs naissant dans les
angoisses de l'ignorance et du chaos, incapables

de s'exprimer suffisamment. C'est l'idéal du néant qui s'éveille, de l'infiniment petit qui s'enfle !

C'est qu'il existe en effet ce monde où les rudiments de toutes choses se heurtent dans le brouillard de l'universel protoplasme, en transformations perpétuelles, en essais toujours changeants d'organismes inachevés ou incohérents, dans la fermentation de cellules qui, présentant déjà les joies de la vie supérieure, dévorent incessamment dans l'anarchie de leurs désirs trompés les éphémères créations de leur impuissance.

Il est là tout près de nous ce monde ; il est là, tout autour de nous, nous enveloppant invisible et rongeur, nous assaillant sans cesse, nous pénétrant, nous diluant sans trêve, nous épiant envieux de notre perfection relative, avide de s'insinuer jusqu'au fond de notre être pour y greffer le désordre de ses désirs et leur obtenir la vie complète.

Il est là ce monde du *Horla*, ce creuset immense de la vie terrestre; c'est l'invisible protoplasme où tout les êtres prennent forme depuis la vaste planète jusqu'au batybius primitif.

Impatient des lenteurs de la science qui, petit à petit, l'apercevait dans les microscopes sous les apparences fantasmagoriques de la cellule ou du microbe, il a voulu se démasquer brusquement à nos chercheurs positivistes, se révéler à notre siècle sceptique plus clairement qu'il ne l'avait fait jamais, sauf à quelques privilégiés, et les phénomènes prodigieux vont se multipliant depuis un demi-siècle. Lisez les surprenantes révélations de Dupotet, de Crookes, de Zollner, de Wallace, d'Aksakof, de Gibier, de Rochas, pour ne citer que les travaux de science précise ; suivez les expériences positives du magnétisme transcendant, et vous verrez avec quelle netteté ils révèlent ce monde de l'invisible depuis ses créatures les plus rudimentaires jusqu'aux plus élevées, étonnant, varié, plein de surprises, tout en transformation, en déformation perpétuelle, travaillé de constantes ébullitions, mais plein d'enseignements aussi et des plus hauts.

Or voilà ce que l'intuition de vos plus récents artistes a pressenti, sinon même aperçu par une sorte de vision divinatoire ; voilà les représentations qui hantent leur imagination sensible. En-

traînés par l'universel courant qui emporte notre
siècle, quoiqu'il en ait, les voilà sur le confin des
régions où la mort et la vie s'étreignent en une lutte perpétuelle pour fournir par leur fatalité puissante à toutes les exigences impérieuses de la Nature.

Eh bien, ce que nous venons leur dire, au nom
de la science même dont nous avons rappelé tout
à l'heure les témoins les plus autorisés, c'est que
l'Art doit pénétrer hardiment en ce monde élémentaire parce que là est la voie qui le conduira vers
cette essence de la Nature, cet esprit de là Matière qui doit rendre à la Peinture moderme la grandeur vers laquelle elle aspire.

Ces rêves merveilleux de la lumière colorée que
nous racontent vos harmonistes et vos symphonistes de la couleur ; ces nuées vaporeuses des synthétistes ces déformations troublantes des impressionnistes, ces êtres fantastiques que les mystiques imaginent, tous ces songes, toutes ces intui-
tions vagues dont souffrent vos novateurs, ils peuvent les voir dans la réalité de leur existence.
Ces inspirateurs de leurs rêves sont des êtres ma-

tériels, d'un corps fluidique subtil, mais possible à examiner, à contempler, à toucher même moyennant certaines conditions maintenant bien connues.

Leur idéalisme réaliste a une forme perceptible par les opérations aujourd'hui fort répandues (trop vulgarisées peut-être même), du *magnétisme transcendant*. Ils peuvent en faire l'objet d'une peinture à la fois réaliste et spiritualiste, et nous ne craignons pas d'affirmer que l'exploration de ce monde ménage des surprises assez merveilleuses pour suffire longtemps aux aspirations les plus artistiques. Nous pouvons en appeler du témoignage de ceux d'entre vous qui connaissent ce monde étrange de l'invisible, car plusieurs y sont entrés déjà.

Toutefois ce n'est pas ce monde lui-même qui constitue la Puissance universelle de la Nature ; il n'en est que le révélateur, que l'instrument docile, la matière plastique en fermentation. Bien plus haut est le Verbe informateur. Mais quand on veut s'élever jusqu'à lui des profondeurs de la matière, c'est par ces ténèbres qu'il faut passer tout d'abord comme le Dante nous représente

9

Virgile l'emportant du fond des enfers aux merveilles du Paradis à travers les angoisses du Purgatoire et la foule troublée des ombres qui s'agitent
en ses brumes.

Permettez-nous de vous retracer avec quelques détails les ressources précieuses pour l'Art
que nous vous promettons en ce monde élémentaire de l'invisible où nous venons d'arriver, vous
le voyez, comme entraînés par les plus hardis d'entre vous.

Il y a cent ans environ, un savant Allemand, le
Baron de Reichenbach, avait constaté, avec le
concours de quelques sensitifs, que tout objet
inerte, comme tout être animé possède une
sorte d'*aura* fluidique, d'atmosphère éhtérée
qui devient visible dans l'obscurité. L'auréole
dont les Peintres entourent la tête des Saints n'est
qu'une représentation exagérée de cette aura qui,
particulièrement pour l'être humain, traduit par
sa teinte la pureté de l'âme ou la variété des passions.

Aujourd'hui la photographie rend cette assertion incontestable, comme elle démontre aussi la plupart des développements qui vont suivre.

Cette aura n'est que la surface d'un corps fluidique complet qui pénètre le corps physique de chaque créature en en suivant les formes, pour servir d'intermédiaire entre elles et les forces extérieures, tout comme le globe terrestre est entouré et pénétré d'une athmosphère gazeuse, à subtilité croissante, par laquelle il reçoit toutes les influences du soleil, de la lune et des autres astres.

Le célèbre romancier Balzac, qui avait beaucoup étudié ces sortes de connaissances, se représentait chaque corps dans la nature comme pénétré d'une série de spectres en couches superposées, foliacées, en pellicules infinitésimales qui s'en pouvaient détacher. On a constaté, depuis, qu'en effet, ce corps fluidique que le Colonel de Rochas a démontré mobile et fort extensible, s'use, se dissout, s'alimente dans l'espace tout comme le corps physique. Le Docteur Baraduc a réussi à photographier les mouvements de cette alimentation.

Une pareille nutrition suppose que nous nous

trouvons plongés dans un millieu de même nature
fluidique, beaucoup plus subtil que notre atmosphère gazeuse, invisible, intangible, mais capable
de se manifester en nos organismes par toutes ces
impressions profondes dont l'origine nous échappe
souvent : désirs vagues, craintes mal définies,
mélancolies, excitations, suggestions, pensées in-
volontaires qui se répandent parfois sur tout un
groupe, tout une ville, un peuple même, sans qu'on
en saisisse la source mystérieuse.

L'électricité et ce que nous appelons, faute de
mieux, le *fluide magnétique*, nous donnent une
idée, grossière encore cependant, de cette atmosphère invisible que la photographie commence
à saisir, et qui nous explique le prodigieux phénomène des rayons X ou des rayons cathodi-
ques (1). Elle était connue, du reste, cette atmosphère, de toute antiquité par quelques savants
que les préjugés de notre scepticisme a dédaignés
mais qui jouissaient autrefois d'une grande célé-
brité, et qui, en fait, se sont montrés les plus profondes intelligences de leurs temps. Ils avaient

1. Voir : *Lumière invisible*, par le Docteur Papus.

donné divers noms à cette mer fluidique répandue
par tout l'univers ; on lui a conservé plus particulièrement de nos jours celui de *Lumière astrale* .

*Lumière* parce que notre lumière ordinaire n'est
qu'un degré de ses manifestations, celui spécialement perceptible à nos sens matériels.

*Astrale*, parce que ce fluide est répandu dans
les espaces interstellaires ; c'est le millieu où bai-
gnent les astres, la mer éthérée, universelle.

A la mort de tout être vivant, son corps fluidique survit fort longtemps au corps physique et
continue son existence à l'état de *fantôme* dans la
lumière astrale où il se dissout plus ou moins lentement. Une partie même de ce fantôme subsiste
toujours, et après un séjour plus ou moins prolon-
gé dans ce fluide universel, elle revient chercher
une fois de plus sur quelque planète les fortifiantes
épreuves de la vie corporelle.

Une partie des modifications qui, selon la théorie Darwinienne, fait monter un être dans la
série des créatures, s'accomplit pendant le cours
de cette *vie astrale* parce que celle-ci transforme

avec les instincts et les pouvoirs plastiques qui
leur correspondent, ce désir de la vie matérielle
qui moule sur le corps fluidique un corps physique
approprié.

Vous pouvez donc vous représenter déjà cette
mer astrale comme remplie d'une foule de fantômes
dont les uns se désagrègent, s'allégeant graduelle-
ment de leurs restes fluidiques pour s'échapper
vers des régions différentes ; les autres, au contraire, venant aussi de sphères plus ou moins
distantes, cherchent à condenser la lumière astrale en une forme adéquate à leurs instincts,
désireux de s'unir à nouveau à un corps correspondant.

Vous imaginerez aisément ainsi quels mouvements, quelles ondulations, quelles lumières variées,
quelles apparences sans cesse changeantes doivent résulter de la vie de ces fantômes, en vous
représentant le nombre incalculable de morts et
de naissances qui renouvellent constamment la
vie des créatures terrestres.

Vous remarquerez que cette mer fluidique ainsi
élaborée par tant de créatures est une matière d'une

mobilité et d'une plasticité extrêmes, en raison de sa ténuité ; mais qu'en même temps, elle est complètement inerte, passive, dépourvue de toute espèce d'initiative.

Les formes innombrables qui y naissent, s'y agitent, s'y alimentent, s'y dissolvent ne sont que l'expression de volontés spontanées, autrement dit d'âmes dont les désirs se traduisent par une métamorphose fluidique.

Ainsi tout être, à quelque rang de la création qu'il appartienne, est une âme qui retient par sa propre volonté un corps fluidique, ou fantôme, emprunté à la lumière astrale et peut, selon certaines lois naturelles, condenser dans le moule de ce fantôme, dont la forme représente sa pensée, un corps physique à vie terrestre.

Un de nos premiers savants modernes, le P. Leray, vient de donner il y a quelques années à ces assertions une confirmation éclatante en démontrant, d'après les lois de notre mécanique positive, que tous les phénomènes physiques et chimiques, ainsi que la création même de notre matière tangible, s'expliquent avec une netteté inconnue jusqu'alors en partant de cette seule hypothèse que l'atôme matériel n'est rien autre chose qu'un *esprit* en mouvement dans un espace extrêmement limité, et que les divers aspects fondamentaux de la matière correspondent à une série hiérarchique de ces esprits.

Notre état d'êtres terrestres n'est donc qu'un cas particulier d'une longue suite d'existences variées dont l'âme est l'agent actif, volontaire. Le fantôme en est l'instrument, emprunté au fluide astral, répondant à toutes nos volontés pour y adapter une forme, et le corps matériel n'est qu'un revêtement éphémère particulièrement approprié à une seule des vies terrestres.

L'âme elle-même n'est que l'un des esprits dont la hiérarchie innombrable s'étend depuis le dernier des atômes jusqu'à l'Esprit Universel qui embrasse tous les autres en son Inconcevable Unité. L'évolution, dont le Darwinisme ne nous représente qu'un faible épisode, a pour but de faire monter chaque monade du fond de son existence infiniment limitée au plus haut degré de cette echelle de Jacob dont le sommet va se perdre dans les cieux.

Ses échelons sont des vies successives de la monade en progrès, passées alternativement dans quelque incarnation terrestre et dans l'état astral ; elles la conduisent, à travers les luttes, les souffrances et les joies de l'existence jusqu'aux merveilles et aux béatitudes dont l'espoir est gravé presque indélébile au fond de tous nos cœurs.

Vous voyez combien d'êtres d'infinie variété doivent s'ajouter aux fantômes dont nous parlions pour peupler la mer astrale : formes d'esprits de tous genres et de puissance infiniment diverse, en perpétuelle action les uns sur les autres et sur l'éther où ils sont plongés.

Ce n'était donc pas un mythe que cette foule de fantômes, d'esprits dont nous ont parlé les légendes de tous les temps. Il n'y avait d'erroné que l'anthropomorphisme qui les traduisait, ou les exagérations qu'engendraient la surprise et la crainte de leur apparition, toujours exceptionnelle.

Il faut en effet pour les percevoir des circonstances toutes particulières ou des organisations spéciales.

Il va de soi que la série de ces innombrables

esprits se répartit en une suite de régions impé-
nétrables à tous ceux qui n'ont pas la puissance
suffisante pour y accéder ; qu'ainsi il existe entre
eux une hiérarchie qui les localise selon leur
avancement. Les régions inférieures sont naturellement dans le voisinage des planètes, puisque
c'est là que la spontanéité de l'âme est le plus
emprisonnée dans la matière.

L'atmosphère terrestre est donc peuplée des
moindres êtres ; l'âme humaine, elle-même s'en
éloigne après la mort aussi vite et aussi loin que
le lui permet son affranchissement des passions
basses de notre monde.

Toute spontanéité, tout désir a son retentisse-
ment dans la lumière astrale et y crée une forme
qui l'exprime, persistante en proportion de l'évolution qui l'engendre. Réciproquement tout mouvement de la lumière astrale se répercute sur tout ce
qui y vit. Nous sommes donc influencés par les êtres
et les phénomènes invisibles tout comme par la
lumière et la chaleur physique. De là notamment
une grande partie de nos songes, de nos impulsions,
de nos inspirations.

Cette remarque doit vous faire comprendre comment l'âme particulièrement sensible d'un artiste doit percevoir même à son insu les impressions de cet invisible *Au-delà* ; surtout quand il s'adonne volontairement aux idées, aux émotions qui viennent des choses, comme le font les réalistes et les impressionistes.

Vous ne vous étonnerez donc pas de reconnaître dans les chaleureuses créations de G. Moreau ou de ses disciples les fantasmagories coloriées que créent dans l'astral les vibrations passionnelles de ses habitants ; sur les tableaux de Besnard, avec un ruissellement analogue, ces singuliers tourbillons bien connus des voyants comme courants de la mer éthérée ; sur la toile de Puvis de Chavannes cette lumière opaline et vaporeuse caractéristique des régions plus calmes et plus élevées de cet océan, là, où vivent les âmes plus sereines ; ni, au contraire, dans les créations d'Odilon Redon, ces formes fantastiques d'une variété inouie où les êtres inférieurs s'essaient à la vie, dans leur ignorance, par des combinaisons hybrides de formes supérieures convoitées. Car chacun perçoit, dans cette innom brable population les apparences qui sont en accord spécial avec les vibrations psychiques les plus ordinaires à son tempérament propre.

C'est sans doute à la perception inconsciente des incessantes transformations astrales qu'est due cette singulière théorie de la déformation où l'école néo-impressioniste se complaît si volontiers, car les fantômes inférieurs font dans leur inexpérience le désordre des formes qui répond à l'exagération de leurs passions tumultueuses, tandis que l'ordre harmonieux et placide n'appartient qu'aux esprits d'ordre plus élevé.

Nous n'avons pas besoin de rappeler ici les conditions nécessaires à l'exploration de ce monde si riche en représentations brillantes ou dramatiques ; on les trouve aisément décrites en maintes publications et mises en pratique si souvent qu'elles sont devenues presque vulgaires. Nous avons d'ailleurs d'autres motifs sérieux à nous en abstenir.

Nous savons d'abord que cette exploration faite sans les précautions matérielles et surtout morales qui y sont nécessaires, n'est pas sans danger. Elle ne laisse pas non plus d'offrir quelque chose de malsain si l'on ne s'y trouve comme purifié par l'illusion des spirites, qui croient n'avoir à faire qu'aux âmes innocentes de leurs parents. Nous avons assez dit en effet quelle influence les êtres élémentaires cherchent toujours à exercer sur nos âmes, combien ils sont avides de notre corps, même, pour eux si parfait ; or le médium spirite abandonne sa volonté et son organisme entier à l'avidité, à la malice, aux caprices de cette foule d'êtres qu'il ne connaît pas ; vous concevez par là combien la pratique de la médiumnité physique phénoménale est peu recommandable.

La simple méditation sur ce monde extraordinaire peut devenir dangereuse elle-même si l'on ne s'y rend pas maître, comme on le doit ; elle a conduit plus d'un haut esprit à sa perte. Vous avez présente encore à la mémoire la fin misérable du pauvre Guy de Maupassant que son œuvre dernière nous montre comme hanté par quelques vampires de l'astral.

Il n'en est pas de même de la pratique magnétique qui peut donner des résultats plus utiles aussi, en permettant par la clairvoyance une exploration plus étendue de l'Astral. En tous cas de pareilles recherches ne doivent être faites qu'avec des sujets d'organisation parfaitement sensitive, entourés de tous les égards qui leur sont dus et dans un esprit de haute science ou d'Art élevé, dans un intérêt tout spéculatif.

L'astral terrestre n'est du reste, nous vous l'avons dit, que la région très inférieure du monde essentiel de la Nature ; les régions vraiment dignes d'une âme d'artiste sont bien plus hautes et plus difficilement accessibles. Quelques-uns des néo-impressionnistes mystiques y aspirent déjà, mais nous sommes obligés, tout en les félicitant vive-ment de leurs efforts, de déclarer qu'ils ne répondent qu'imparfaitement aux recommandations que nous tentons de vous exposer. Leurs compositions sont encore des conceptions anthropomorphes, servies par les artifices tout intellectuels de l'esthétisme, bien différents de la vision directe, de la repro-duction réaliste dont nous entendons vous parler.

Si les sujets empruntés à la vie de l'astral terrestre ne peuvent être recommandés, soit à cause
de leurs dangers, soit pour la difficulté d'atteindre
jusqu'aux êtres les plus intéressants, au moins
dans l'état actuel, il n'en est pas de même d'un
autre genre de représentations où l'invisible inter-
vient plus utilement pour nous rapprocher de la
grande Peinture. Ce sont celles qui figurent les
relations pour ainsi dire naturelles de l'homme
avec l'invisible : Plus accessibles à l'étude et à
l'observation elles constituent en même temps
l'introduction la plus aisée dans le monde invisible.

Ces sujets sont en même temps les plus intelli-
gibles pour le public et nous avons dit combien cette condition est nécessaire à l'influence du grand
Art. Ils ont l'avantage aussi de se prêter à une
composition mixte qui ne s'éloigne pas assez
de la peinture ordinaire pour causer comme certaines productions de nos jours une surprise
capable d'effrayer bien des sympathies éclairées.

Ces relations avec le monde invisible se trouvent actuellement si répandues, par un concours
singulier de circonstances, dans le monde savant

par l'hypnotisme, et en dehors celui-ci, soit par les illusions du spiritisme, soit par une multiplication remarquable des phénomènes prodigieux de l'au delà, que le public ne peut manquer d'accepter avec intérêt les productions artistiques propres à lui rappeler l'une de ses préocupations les plus actuelles.

Enfin de pareils sujets sont de l'ordre le plus élevé car ils touchent aux problèmes les plus intéressants de l'existence humaine, ceux qui la rattachent à la vie universelle : preuves de la survivance de l'âme ; influences des puissances supérieures à l'Humanité ; action pernicieuse de puissances inférieures qu'il faut combattre ou diriger ; part de la fatalité et de la volonté ou de la Providence dans notre vie terrestre, etc. etc.

Nous pouvons du reste après ces notions rapides nous recommander de l'exemple donné dans le même sens par quelques-uns d'entre vous ; qu'il nous suffise de vous en citer deux fort remarquables, et fort appréciés aussi ; ils émanent de maîtres bien connus.

Le premier de ces exemples est la *Cène* exposée

en 1896 par *Dagnan-Bouveret*. Nous ignorons sur quelles données il a basé la conception si saisissante de son tableau, s'il l'a puisée seulement en sa propre imagination ou s'il s'est aidé de quelque observation précise ; mais il est certain qu'il était difficile de représenter avec plus de vérité la supériorité du Christ qui lui prête une lumière propre et la fait émaner de son cœur. La simplicité et l'expression des disciples qu'il illumine s'ajoutent en ce tableau à cette vérité de magnétisme transcendant pour expliquer clairement l'union, dont nous venons de vous parler, de la Peinture ordinaire, aidée de toute sa science, avec celle qui représente une manifestation des mondes spirituels.

Le second témoignage que nous invoqueront joint aux mêmes qualités un exemple tout à fait remarquable des moyens pratiques que nous venons de vous indiquer. C'est celui de la *Vie de Jésus* de *Tissot* ; nous nous permettrons d'autant moins de l'apprécier comme peinture que le grand nombre des tableaux que cette œuvre comporte montre que l'artiste a voulu en compléter le magnifique ensemble avant de donner à chaque toile

toute la valeur dont il est capable. Ce que nous
invoquons ici bien plus encore que le talent bien
connu qui s'y révèle c'est le genre de création de
ce chef-d'œuvre. Tous les prodiges du Christ,
toutes les apparitions du monde invisible, ont été
rendus avec l'aide d'un sujet clairvoyant qui en a
fourni les visions. L'artiste lui-même avait été
préalablement témoin, dans des séances spéciales,
d'apparitions réelles et en avait fait l'objet de plusieurs études. Enfin toutes ses compositions ont
été exécutées à Jérusalem sur les lieux mêmes des
scènes qui en font l'objet. C'est donc avec une
vérité complète, pour l'un et l'autre monde, visible ou invisible, que ces peintures magistrales ont
été produites, et vous savez comment le public et
la critique les ont accueillies !

Cependant le peu que nous avons pu vous
dire sur le monde invisible et ses relations avec
notre vie terrestre est bien insuffisant pour vous
donner l'idée de la grandeur qui s'attache à sa
connaissance. Elle constitue en effet une science
très vaste et très complète, fort ancienne aussi,

dont l'étude de l'Astral n'est qu'un faible fragment
et qui dévoile une foule de mystères du plus haut
intérêt. Et cette science, qu'une sorte de re-
nouveau rappelle actuellement à la vie, peut fournir à l'Art lui-même de précieuses ressources supérieures encore à celles qui l'ont fait briller dans
ses plus belles périodes.

Cette science *Hermétique*, ou *Esotérique*, a pour
objet l'activité détaillée et précise des trois Puissances universelles que nous vous avons indiquées
à plusieurs reprises : celle Divine, celle Humaine
et celle de la nature, ainsi que leurs rapports harmonieux qui s'étendent de la loi physique la plus
rigoureuse jusqu'aux plus hautes initiatives de l'Absolu. Elle n'est rien moins que la synthèse essentielle de toutes les sciences, de toutes les philoso-
phies, de toutes les religions, synthèse qui les
éclaire d'un jour prodigieux en les rassemblant
dans l'Unité de quelques Principes aussi simples
que féconds.

Science des causes et des fins de toutes choses
capable cependant d'en pénétrer jusqu'aux moindres détails par la force de ses premiers Principes.

elle est en même temps la philosophie la plus
profonde, la poésie la plus sublime, la religion la
plus claire ; la source la plus intarissable par conséquent d'inspirations artistiques, grandioses ou
touchantes. Comme elle embrasse l'Univers entier
et toutes les formes de sa vie inénarrable, elle est
toujours accessible à l'âme humaine et fort émouvante pour elle puisqu'elle lui retrace ce qui la
touche le plus.

Elle nous affranchit des désolations du fata-
lisme naturaliste puisqu'elle nous montre que la
Nature ne représente rien de plus que l'enfance des
êtres, l'état de minorité de l'âme appelée à la vie
éternelle. Elle nous guérit des doutes mélancoliques du positivisme parce qu'elle nous ouvre, au-
dessus de l'analyse, toutes les ressources de la
science directe. Elle reste cependant étrangère
aux terreurs du mysticisme parce qu'elle nous trace,
dans les lois de l'évolution, la voie qui conduit par
la pratique saine et active de la vie jusqu'au centre radieux de toute beauté, de toute vérité et de
toute puissance, dont le mystique se désole de se
sentir si loin.

Et si vous vous rappelez cette loi d'évolution
que nous avons dû vous indiquer très largement
par l'histoire de la peinture ; si vous vous souve-
nez comment notre siècle a été conduit, grâce aux
efforts des siècles antérieurs, jusqu'au fond de
l'analyse ; si vous vous redites qu'il n'a plus d'autre voie possible que celle d'une réascension synthétique vers les principes que la foi du début lui
annonçait sans qu'il pût les comprendre, vous reconnaîtrez qu'il n'est pas de science qui puisse mieux
convenir à notre temps que cette science hermétique.

Vous ne vous étonnerez donc pas du succès
rapide qu'obtient depuis quelques années surtout, en tous pays, son rajeunissement par nos
sciences positives elles-mêmes.

Il nous est impossible de vous indiquer, même
brièvement dans un cadre aussi restreint, sur
quels principes nous fondons des assertions aussi
catégoriques ; nous pouvons du moins vous indiquer en quelques mots quelles ressources positives l'hermétisme peut vous fournir, non plus
comme source des plus hautes inspirations, mais
même pour l'exécution pratique :

Par la connaissance des principes premiers de
la vie terrestre, il vous apprendra à ramener toutes les créatures à un nombre très restreint et parfaitement défini de types qui vous permettront de
préciser toutes les nuances de la physionomie, à
peine essayées par quelques artistes célèbres.

Étendant ensuite cette application des homolo-
gies naturelles, l'Hermétisme vous apprendra par
ce qu'il appelle la science des correspondances, à
distinguer la signification propre de chaque créature ; il vous fournira ainsi toute une richesse de
symboles, toute une harmonie de formes que le génie seul a pu soupçonner quelquefois.

Il vous enseignera encore la philosophie des lignes et celle des couleurs avec la signification universelle qui leur est propre.

Il vous apprendra le sens des attitudes et tout ce
qui constitue la mimique, jusqu'à ses significations
sacrées dont une partie ne peut être soupçonnée
que par les prodiges du magnétisme.

Par toutes ces connaissances, il pourra donner à
votre œuvre une harmonie, une puissance d'expres-

sion proportionnées à la sublimité de vos aspirations et de vos pensées.

Nous ne pouvons dissimuler cependant que l'ac-
quisition de tous ces avantages exige de longs et
persévérants efforts. Si nous vous les indiquons
cependant c'est surtout pour vous signaler sur
le seuil de quels horizons doit vous amener le genre de peinture que nous vous signalons, et particulièrement celui qui en est le début naturel : la représentation des rapports de l'Homme avec l'invisible.

Dès maintenant, par l'observation des phénomènes dont vous trouverez aisément l'occasion
d'être témoins, vous pouvez représenter dans sa
réalité toute apparition, toute manifestation visible
des êtres de l'Astral dont les mythologies anciennes avaient fait tant de Dieux.

D'autre part, la lecture de quelques ouvrages
que nous nous permettrons de vous signaler à la
suite de ce travail vous éclairera sur la signification
d'une foule de légendes ou de traditions que vous
pourrez les arracher à l'antropomorphisme qui les a

dénaturées pour les rendre dans leur vérité complète.

Par ce moyen déjà, également accessible à tous vos tempéraments artistiques, propre aussi à satisfaire vos exigences réalistes comme vos aspirations mystiques, également fécond pour tous les talents de coloriste ou de dessinateur, vous pourrez retrouver les effets de la grande Peinture, c'est-à-dire élever les âmes en leur parlant par le langage de Beauté des Puissances supérieures qu'elles entrevoient déjà et qu'elles aiment à rechercher.

C'est dans cette conviction que nous avons osé vous adresser ces quelques pages trop brèves à notre gré. Puisse notre Foi malgré la faiblesse de nos voix inconnues, pénétrer l'esprit de quelques-uns au moins d'entre vous. Votre talent aura bientôt fait d'y ajouter la vie géniale que nous avons rêvé de vous inspirer.

# BIBLIOGRAPHIE

Tous les ouvrages désignés sont de lecture facile, et agréable ; ce ne sont que des livres de début pour l'étudiant en hermétisme ; il; sont cependant suffisants pour en donner une idée complète. Nous nous sommes bornés aux principaux.

Nous les divisons en œuvres théoriques plus propres à faire entrevoir les doctrines et œuvres littéraires inspirées par la science occulte et la supposant déjà quelque peu connue. Ces dernières seront particulièrement propres à montrer quelle source de haute poésie elle offre aux artistes.

---

### ŒUVRES THÉORIQUES

#### 1º *Élémentaires :*

JACOLLIOT. — *Voyages au pays des Fak:rs*
— *Voyages au pays des Brahmes.*
— *Le spiritisme dans le Monde.*

10

D. Home. — *Mémoires d'un médium.*
E. Schuré. — *Les grands initiés.*
— *Les grandes légendes de France.*
Papus. — *Traité élémentaire de science occulte.*
Dramard. — *La science occulte.*
Dassier. — *La vie posthume.*
Sinnet. — *Le monde occulte.*

2° *Scientifiques :*

Dr Gibier. — *Spiritisme-Fakirisme moderne.*
A. de Rochas. — *Les états profonds de l'hypnose.*
— *Extériorisation de la sensibilité.*
— *Extériorisation de la Motricité.*
— *Un cas de changement de personnalité.*
Crookes. — *Recherches sur la force psychique.*
Du Potet. — *La magie dévoilée.*
Baraduc. — *L'Ame humaine.*
Revel. — *Notes sur les rêves.*
Soldi. — *La langue sacrée,* (Ouvrage très important *d'un artiste* chargé de plusieurs missions en Orient et qui y a retrouvé les restes les plus remarquables de l'Hermétisme).

3° *Philosophiques :*

Edgar Poe. — *Eureka.*
De Larmandie. — *Eoraka.*

FLAMMARION. — *Pluralité des mondes habités.*

J. BOUVÉRY. — *Le spiritisme devant la science et la philosophie.*

DELANNE. — *L'évolution animique.*

PAPUS. — *La science des Mages.*

— *Traité méthodique de science occulte.*

A. JOUNEY. — *Le Royaume de Dieu.*

ANNA KINGSFORD. — *La voie parfaite*

H. P. BLAVATSKY. — *Isis dévoilée.*

— *La Doctrine secrète.*

SINNET. — *Le Buddhisme ésotérique.*

ANONYME. — *La lumière d'Egypte.*

DE GUAITA. — *Au seuil du mystère.*

— *Le serpent de la Genèse* (deux parties).

SAINT-YVES D'ALVEYDRE. — *La mission des Juifs.*

---

ŒUVRES LITTÉRAIRES.

LE DANTE. — *L'Enfer, etc.*

SCHAKESPEARE. — (*La Tempête. — Le songe d'une nuit
d'été. — Macbeth*).

GŒTHE. — *Faust.*

MILTON. — *Le Paradis perdu.*

EDGARD POE. — *Contes.*

BALZAC. — *Seraphita. — Louis Lambert. — Ursule Mirouet.*

BULWER-LYTTON. — *Zanoni. — Histoire étrange. — Le roi
Arthur.*

— (fils). — *La maison hantée.*

THÉOPHILE GAUTIER. — *Spirite,*

Mme J. ADAM. — *Un rêve sur le divin*

VILLIERS DE L'ILE-ADAM. — *Axel*.

FLAMMARION. — *Lumen-Urania-Stella*.

PELADAN. — *La décadence latine (Ethopée) ; Vice suprême,
Curieuse*, etc.

GUY DE MAUPASSANT. — *Le Horla*.

PAUL ADAM. — *En décor*. — *Etre*.

HUYSMANS. — *Là bas*. — *En route*.

LERMINA. — *A brûler*.

— *La Magicienne*.

# NOTE :

Pour donner une sanction à leurs propositions, les auteurs seraient disposés à organiser dans le cours de l'année 1898 une exposition de tableaux exécutés selon les préceptes développés ici.

Ceux de Messieurs les artistes qui consentiraient à prêter leur concours à une semblable réalisation sont priés d'en vouloir bien faire part à M. Chamuel, éditeur, rue de Savoie n° 5, en donnant avec leur adresse, quelques indications sur les sujets qu'ils penseraient choisir, leur conception, les formats, ainsi que toutes les observations qu'ils jugeraient convenables.

Ils seront avisés, en temps utile, de la suite qu'il serait possible de donner à ce projet et des conditions pratiques qu'il comporterait.

Messieurs les Artistes voudront bien observer que ces propositions n'excluant aucune école, conviennent également à toutes les manières.

B. et L.

# TABLE

## PARTIE COMPLÉMENTAIRE

### BIBLIOGRAPHIE.

## NOTE

Tours et Mayenne, Imprimeries E. SOUDÉE.

www.ingramcontent.com/pod-product-compliance
Lightning Source LLC
Chambersburg PA
CBHW071539220526
45469CB00003B/848